幼儿体育游戏创新技法及其实现路径

王世龙　著

北京工业大学出版社

图书在版编目（CIP）数据

幼儿体育游戏创新技法及其实现路径／王世龙著．——
北京 ：北京工业大学出版社，2020.12（2021.9 重印）
ISBN 978-7-5639-7756-7

Ⅰ．①幼… Ⅱ．①王… Ⅲ．①游戏课－学前教育－教
学研究 Ⅳ．① G613.7

中国版本图书馆 CIP 数据核字（2020）第 248263 号

幼儿体育游戏创新技法及其实现路径

YOUER TIYU YOUXI CHUANGXIN JIFA JI QI SHIXIAN LUJING

著　　者：王世龙
责任编辑：吴秋明
封面设计：点墨轩阁
出版发行：北京工业大学出版社
　　　　　（北京市朝阳区平乐园 100 号　邮编：100124）
　　　　　010-67391722（传真）　bgdcbs@sina.com
经销单位：全国各地新华书店
承印单位：三河市嵩川印刷有限公司
开　　本：710 毫米 ×1000 毫米　1/16
印　　张：10.75
字　　数：215 千字
版　　次：2020 年 12 月第 1 版
印　　次：2021 年 9 月第 2 次印刷
标准书号：ISBN 978-7-5639-7756-7
定　　价：52.00 元

前　言

体育是幼儿全面发展教育的重要组成部分，是增进幼儿健康、促进幼儿身心发展的积极手段。游戏，在每个幼儿的成长过程中都是不可缺少的。人类接触世界、了解世界乃至把握世界往往是从游戏开始的。在游戏中，幼儿学会了生活技能，学会了与他人相处，学会了遵守规则，学会了扮演"角色"。

近几年来，随着学前教育改革的深入发展，人们给予了幼儿教育更多的期待，新的《3—6 岁儿童学习与发展指南》体现了国家对学前教育的重视，它着重强调生活和体育游戏对幼儿成长的教育价值，建议幼儿每天的户外活动时间应不少于 2 小时，其中体育活动时间不少于 1 小时，季节交替时也要坚持。这充分显示了幼儿体育游戏活动的重要价值。全面普及学前教育，不断提升学前教育的质量，是当前教育发展的重要任务。在这样的背景之下，笔者撰写了本书，以期能够帮助幼儿教师掌握一定的幼儿体育游戏的创编技能与运用技巧，增强幼儿教师的职业能力，从而有效提升幼儿教师组织体育游戏的能力。

幼儿体育游戏是幼儿教育的重要内容，其本质与核心理念是把进行终身体育锻炼的起点设在幼儿阶段，为幼儿的全面发展奠定基础。在过去的一段时间里，体育教学在为增强幼儿体质和发展运动技能做贡献的同时，正逐渐变得"正规化"和"竞技化"。以运动技能传授为主的幼儿体育课在此状态下会逐渐使体育失去乐趣、失去情节、失去竞争、失去表现、失去想象，变得越来越枯燥，从而体育教学也会逐渐失去魅力、失去地位。因此，增加体育的乐趣，让每个幼儿都能体验到乐趣和成功，已成为当前幼儿体育教学改革的大趋势。在这个大趋势下，幼儿体育游戏将会变得越来越重要，并发挥重大作用。

本书立足于培养学前专业学生以及幼儿园一线教师的综合能力，采用"做中学、做中教"的方式，本着"以能力发展为核心"的教学理念，着力解决幼儿园体育实践中存在的突出问题，激发幼儿的学习动机，切实提高幼儿体育教学的效果。本书首先对幼儿体育游戏的基本理论进行阐析，并对幼儿体育游戏

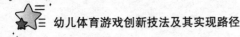

的创新技法与程序进行分析与研究。其次，基于幼儿身体素质训练的需要，以体育教学进程中的各个环节的连续性和幼儿发展的全面性为原则，从基本动作发展与体能素质发展两个方面来对体育游戏进行创编与设计。最后提出幼儿体育游戏活动中的卫生与安全防护措施，以为幼儿体育游戏活动的顺利实施提供一定的安全保障。

笔者在本书的撰写过程中，参考、引用了不少文献中的实践案例，在此对相关的专家学者表示衷心的感谢！由于撰写时间紧，加之笔者自身能力的不足，本书难免存在疏漏之处，望广大读者批评指正。

目　录

第一章　幼儿体育游戏理论与分析

幼儿体育游戏是一项有利于幼儿身心健康全面发展且深受幼儿欢迎和喜爱的体育活动，它对于幼儿体能素质的发展、智力水平的提高以及心理素质的增强等具有十分重要的意义。本章主要对幼儿体育游戏的基本理论进行详细介绍，以使读者能够对幼儿体育游戏的相关知识有一定的了解，从而为幼儿体育游戏的深入研究奠定理论基础。

第一节　幼儿体育游戏的基本理论阐析

一、幼儿体育游戏的定义与种类

（一）幼儿体育游戏的概念

体育游戏也叫活动性游戏，其开展的形式主要为游戏活动，开展的内容主要是能够使身心得到训练的活动，开展的主要目的是促进个体身心健康的发展。它是一种有组织、有计划、有目的的具有多方面功能与价值的活动。

幼儿体育游戏是幼儿体育活动的重要组成部分。它是在遵循幼儿身心发展规律的前提下，以游戏活动的方式，致力于幼儿身心素质全面发展的一系列游戏活动。

（二）幼儿体育游戏的分类

因为不同的游戏在内容、形式、功能、参与对象等方面存在一定的差异，所以其有多种类型。对幼儿体育游戏进行分类，有利于教师针对具体情况选择合宜的游戏，因材施教，从而更好地实现幼儿体育游戏的目的。从总体上讲，幼儿体育游戏可以从以下几个方面进行分类。

根据人体的基本动作，可以将幼儿体育游戏分为走步游戏、跑步游戏、跳跃游戏、投掷游戏、钻爬游戏、攀登游戏以及平衡游戏等。

根据游戏的功能，可以将幼儿体育游戏分为趣味型游戏、情节型游戏、竞争型游戏、教育型游戏、益智型游戏等。

根据游戏的活动形式，可以将幼儿体育游戏分为室内体育游戏、野外游戏、活动性游戏、集中注意力游戏、放松游戏等。

根据个体的身体素质，可以将幼儿体育游戏分为速度类游戏、力量类游戏、耐力类游戏、灵敏类游戏、协调类游戏等。

根据所使用器械的不同，可以将幼儿体育游戏分为球类游戏、沙包游戏、木棒游戏、平衡板游戏、圈地游戏等。

根据游戏环境，可以将幼儿体育游戏分为室内游戏与室外游戏。

根据游戏活动开展的形式，可以将幼儿体育游戏分为静止类游戏与运动类游戏。

根据游戏活动的参与环境，可以将幼儿体育游戏分为亲子游戏、学校游戏与社会游戏等。

根据游戏活动的参与人数，可以将幼儿体育游戏分为个人游戏、小组游戏与集体游戏。

根据游戏活动的性质，则可以将幼儿体育游戏分为模仿性游戏、有主题情节的游戏、竞赛性游戏、躲闪性游戏、民间传统体育游戏等。

二、幼儿体育游戏的特点与价值

（一）幼儿体育游戏的特点

幼儿体育游戏从本质上讲属于游戏中的一种，因此，其也就具备了游戏的基本特点，即自发性、自主性、愉悦性、体验性等。与专业的体育活动或竞技性强的体育活动相比，幼儿体育游戏又具有其独特性。其主要表现在以下几个方面。

1.非功利性

"游戏显然是一种无偿的活动，除了它本身带来的娱乐外，没有其他目的"，这其中也包括幼儿体育游戏。不同于竞技体育活动的功利性目的，幼儿体育游戏的主要目的是帮助幼儿完善自我、实现自我，并不具有十分明显的社会价值，而仅仅是为了达到消遣娱乐的目的。然而，对于参加具有竞技性的体育活动的教练员与运动员而言，为了在体育比赛中取得优异的成绩，其往往需要进行严格的训练，并且在高度紧张的环境下参加比赛，参加体育锻炼不再是为了消遣娱乐。而幼儿体育游戏则具有非常明显的休闲娱乐特征，其主要目的并不是提高幼儿的体育运动技能，而是通过富有趣味性与娱乐性的游戏活动，培养幼儿对体育活动的兴趣，发展幼儿的基本运动能力，促进幼儿身心的全面发展。

2. 变通性

竞技体育运动具有比较严格、明确的规则，且对运动员技术动作的规范性有着较高的要求，同时对场地器材也有着较高的要求。幼儿体育游戏在开展形式、开展方法、主要规则等方面，则具有明显的变通性，它可以随着实际情况的变化而进行相应的改变。例如，在幼儿体育游戏活动中，幼儿所进行的活动路线是丰富多样的。其既可以是简单的直线与曲线，也可以是螺旋形的。

3. 竞争性

虽然幼儿体育游戏有着非常明显的娱乐性与趣味性特征，但是其仍然具有一定的竞争性，只是这种竞争性相对于其他体育活动而言，更小一些。对于竞技体育活动而言，其强调的是强者之间的竞争，主要对不同参与者的专业技术水平进行比较。而幼儿体育游戏由于活动方式灵活多变，因此，决定其获胜的标准也是多种多样的。对于每个幼儿而言，其都有获得胜利的可能。因而，幼儿体育游戏能够很好地激发幼儿参加游戏活动的积极性，能够充分挖掘每个幼儿的潜力。

4. 趣味性

幼儿体育游戏最显著的特征是其趣味性。幼儿在参加体育游戏的过程中，有较大的自由性，一般可以根据自身的愿望自由选择游戏活动，没有外在规则的巨大压力。整个游戏过程的氛围相对轻松、愉悦，因而有利于幼儿更好地享受游戏过程所带来的乐趣。另外，由于幼儿体育游戏过程具有更加明显的随机性与偶然性，因此，其能够有效激发幼儿参加体育游戏的兴趣。

（二）幼儿体育游戏的主要价值

2012 年 9 月，教育部正式颁布的《3—6 岁儿童学习与发展指南》指出："以为幼儿后继学习和终身发展奠定良好素质基础为目标，以促进幼儿体、智、德、美各方面的协调发展为核心，通过提出 3—6 岁各年龄段儿童学习与发展目标和相应的教育建议，帮助幼儿园教师和家长了解 3—6 岁幼儿学习与发展的基本规律和特点，建立对幼儿发展的合理期望，实施科学的保育和教育，让幼儿度过快乐而有意义的童年。"

幼儿体育游戏主要有以下几方面的价值。

1. 有利于充分调动幼儿参与体育活动的积极性

幼儿体育游戏主要通过具有较强趣味性的游戏来发展幼儿的基本动作技能。其一方面能够充分调动幼儿参加游戏的积极性，另一方面也能够促进幼儿基本运动技能的发展。在锻炼幼儿走步、跑步、跳跃、投掷、钻爬、攀登以及平衡等方面的基本能力时，教师不能简单枯燥地对幼儿进行训练，而是应该通过各种各样的具有趣味性的游戏活动来使幼儿积极愉快地参与到这些基本动作的训练中，这样的训练方式幼儿可能更乐于接受。因此幼儿在参与过程中，也可以有更高的积极性，甚至有一些体育游戏不需要任何器械就能进行。例如，在老鹰抓小鸡、网小鱼等体育游戏中，幼儿就能够充分享受到游戏活动所带来的乐趣，因而其在参与这些游戏的过程中，往往乐此不疲，具有较高的积极性。

2. 有利于培养幼儿活泼、开朗的性格

虽然幼儿的神经细胞在总量上和成年人差不多，但是他们的神经系统、身体机能等都还没有发育成熟，神经系统很容易兴奋，但也很容易疲劳。所以，幼儿一般有活泼好动、但注意力难以长时间集中的特点。幼儿的这一身心特征，使其在参加体育游戏活动时，若游戏时间过长、游戏内容过于单调、游戏强度过大，很容易出现疲劳乏味的感觉，从而难以长时间保持高度的热情。而体育游戏因为形式、种类与内容丰富多样，因而能够为幼儿带来大量的新鲜感与乐趣，能够使幼儿保持心情愉悦，能够更好地满足幼儿多样化的需求，从而有利于幼儿活泼开朗性格的培养。

3. 有利于培养幼儿良好的合作与社会交往能力

幼儿体育游戏往往是通过集体的形式来进行的，所以，幼儿体育游戏是一种集体性娱乐活动。教师在开展体育游戏活动时，可以通过制定一定的游戏规则与要求，通过各种游戏方法，来有目的地培养幼儿良好的社会交往能力与团结合作能力。幼儿在参加体育游戏活动的过程中，通过与同伴间的交流、模仿、合作与协调，逐步学会与人相处，学会表达自己的想法，学会听取他人的意见，学会控制自己的情绪，学会正确处理人际关系。幼儿在参加游戏活动时，通常会扮演不同的角色，在愉快的体育游戏活动中，逐步积累集体活动的经验，渐渐养成互相帮助、互相关心以及互相协作的行为习惯。因此，集体性体育游戏活动的开展，能够大大增加幼儿之间相互交流的机会，有利于促进幼儿社会交际能力与团结协作能力的培养。

4.有利于提高幼儿的自我控制能力和意志品质，培养幼儿的秩序感和集体荣誉感

体育游戏的有序开展离不开严格的规则与要求，游戏规则贯穿整个游戏过程。幼儿在参加体育游戏时，在规则的约束下，需要自觉遵守游戏规则，严格控制自身的行为，以免因为犯规而影响游戏活动的顺利进行，在这一过程中，幼儿的意志品质与自我控制能力能够得到很好的锻炼。另外，幼儿在参加游戏活动的过程中，往往会涉及对形象进行视觉判断，这有助于培养幼儿对事物的理解与判断能力。要想顺利完成游戏活动，幼儿需要在严格遵守游戏规则的条件下，彼此之间互相协作、互相帮助，这一过程有利于幼儿秩序感的培养。在大班与中班体育游戏比赛中，幼儿会为了使自己的集体获得荣誉与胜利，而愿意尽自己最大的努力，这一过程有助于幼儿集体荣誉感的培养。

5.有利于幼儿智力的发展

在体育游戏过程中，一些突然变化的游戏"信号"会经常出现，这就需要幼儿能够快速反应并适应这一变化。在游戏过程中，幼儿需要时刻注意游戏"信号"的变化，并且要对游戏环境进行仔细的观察，以确定队友、游戏物品的空间距离，预估游戏活动的时间，同时还需要牢记游戏的规则与要求，积极适应游戏的进展。这些都需要幼儿具有较高的注意力与记忆力，需要幼儿具有较强的观察能力、理解能力与应变能力。因此，幼儿体育游戏能够潜移默化地促进幼儿注意力、观察能力、理解能力、记忆力等方面的发展，从而促进幼儿智力的发展。

6.有利于促进幼儿身体的健康发展

体育游戏是一种以身体活动为载体的活动。因此其对幼儿身体素质的提高有极大的促进作用。幼儿的身体与智力正处于快速发展的时期，有组织、有目的地开展幼儿体育游戏活动，不仅能够有效地促进幼儿机体的发展与完善，使幼儿形成正确的身型，而且还能提高其身体素质，增强其身体抵抗力与环境适应能力，因此，幼儿体育游戏有利于促进幼儿身体的健康发展。

三、幼儿园体育游戏的任务与目的

（一）幼儿园体育游戏的任务

①培养幼儿参加体育游戏的兴趣与习惯。
②增强幼儿体质，提高幼儿对环境的适应能力。

③提高幼儿身体动作的协调性与灵活性。

④培养幼儿坚韧、顽强、勇敢的意志品质，使幼儿形成积极、乐观、主动、合作的态度。

⑤增强幼儿自我保护意识，提高幼儿自我保护能力。

（二）幼儿园体育游戏的核心目的

1. 增强体质

体质，即人体的质量，是个体的身体形态结构、生理功能以及心理素质等多个方面所呈现出来的相对稳定的综合性特征。良好的体质是个体从事一切生命活动的重要基础。体质通常包括人的体格、人的体能、适应能力以及心理状态等多个方面。其具体内容如图 1-1 所示。

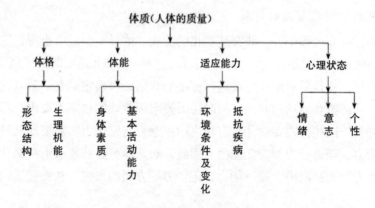

图 1-1　体质的范畴

①人的体格指人身体的形态结构与生理机能两方面的发展情况。体格主要包括人的体型、身体姿势及其生长发育状况等。

②体能指个体在进行各种身体活动时所展现出来的能力。

③人体的适应能力指人体在适应内外环境的过程中，所展现出来的机体能力。具体地讲，就是适应环境变化的能力以及抵抗各种基本疾病的能力等。

④心理状态指个体在意志品质、个性特征以及精神情绪等方面所表现出来的综合心理特征。个体良好的心理状态主要表现在拥有稳定的情绪、饱满的精神、坚强的意志、开朗的个性以及积极的态度等多个方面。

良好的体格是促进个体体能发展的基础，而个体体能的发展则能有效地促进体格的增强，与此同时，强健的体格还能有效地促进个体环境适应能力的提高，能够促进个体形成良好的心理状态。对于幼儿而言，良好的体格也是保证其健康成长的重要基础。

2. 增强体能

体能主要反映了个体的身体素质水平与身体的基本活动能力。体能主要包括健康体能与运动体能两大部分。对于幼儿而言，在成长的过程中，健康体能的发展会更重要一些。

在体质的发展过程中，体能的发展至关重要。良好的体能素质能够有效地促进幼儿身体机能的发展。幼儿在进行愉快的身体活动时，机体的新陈代谢会增加，身体各个器官与系统也会积极参与，这对于发育还未成熟的身体器官而言，具有非常明显的促进作用。在发展幼儿体能的过程中，身体形态、功能结构以及生理机能等也会得到发展。因此，幼儿体能的发展，能够有效地促进幼儿机体各个方面的完善与提高。

3. 提高身体素质

（1）力量素质

力量素质充分体现了个体克服阻力的能力，同时也反映了个体肌肉的收缩能力。力量素质是个体从事一切身体活动的重要基础，它主要包括两种力量：一是动力性力量，二是静力性力量。

对于身心发育尚未健全的幼儿来说，教师在发展其力量素质时，需要注意以下几个方面。

①应注重其动力性力量的发展，尽可能地避免其静力性力量的发展，例如，拔河、摔跤、掰手腕、顶牛等，这些都不适用于幼儿力量素质的发展。

②应重点对其肢体力量进行训练，主要包括幼儿的头颈部、下肢以及腰背部的力量素质训练。

③可以通过多种方式来发展幼儿的力量素质，例如，体操、游戏、基本动作的练习及基础专项体育项目等。

（2）耐力素质

耐力素质反映了个体对抗疲劳的能力，同时也反映个体在尽可能长的时间内进行肌肉活动的能力。耐力素质练习主要包括有氧耐力练习与无氧耐力练习。

对于幼儿来说，教师在发展其耐力素质时，需要注意以下几点。

①应注重其有氧耐力的训练，尽可能地避免无氧耐力的训练。同时，在练习的过程中，要严格控制好训练的负荷量与训练时间。

②在对幼儿进行有氧耐力训练时，应该对幼儿的呼吸进行特别训练，例如，

可以通过吹气球、大笑、模仿火车开动等方式进行训练。

③在对幼儿进行有氧耐力训练时，可以适当引入远足运动、慢跑运动以及走跑交替的活动等。

④对幼儿进行耐力素质训练时，可以采用慢跑（100—300米）、连续跳、早操、爬行、游戏、器械活动等方式进行。

（3）调整素质

调整素质指与神经系统调节能力和控制能力有密切联系的各种身体活动的能力。

①速度：身体在最短时间内移动快慢的能力。

②灵敏性：快速改变身体位置和方向的能力和效率。

③柔韧性：关节的活动范围以及关节周围韧带和肌肉的延展能力。

④平衡能力：抵抗破坏，平衡外力，保持全身处于稳定状态的能力。

⑤协调能力：在进行身体运动的过程中，调整与综合身体各部位的动作，使之和谐而统一的能力（包括一般性协调能力及专向性协调能力）。

在发展幼儿调整素质的过程中，需要注意以下几点问题。

①对幼儿调整素质中的各项基本能力进行综合训练。

②重点对幼儿的平衡能力、灵敏性与协调能力进行训练。

③不应该过于注重对柔韧素质的发展。

④严格控制训练实践，尽量不让幼儿长时间参加快速跑运动。

（注：身体素质的具体内容见图1-2所示）

4.发展基本活动能力

基本活动能力指身体运动的基本动作和基本动作技能，是通过人体的运动动作得以表现的。动作技能是在社会文化体系下，以科学认知为导向的更高能力、更大效应的行为表现。人类的动作技能是建立在基本动作基础之上，通过学习与反复练习而获得的。早期基本动作及基本动作技能的形成和发展，对人的一生有很大影响。

在幼儿园中，动作技能是体育教育的重要内容，动作技能的学习与练习，一方面能够促进基本动作的展开与完善，另一方面也能不断拓展与丰富幼儿的动作图式，使之成为幼儿今后一切行为的基础。幼儿园体育教育中的部分动作技能较为简单，但也有些较为复杂，也有一些具有专项性的动作技能，如足球、篮球等。（基本活动能力的具体内容见图1-2所示。）

（1）人体动作

①根据人体的结构，可以将人体动作分为头部动作、上肢动作、下肢动作、躯干动作和全身动作五大类。

②人体的动作主要是通过人体的骨骼、肌肉、关节与韧带的共同作用来实现的。

③人体动作的变化会随着关节、运动幅度、运动强度、运动节奏、身体体位与方位等方面的变化而变化。

（2）人体运动关节及其功能

①颈椎关节又称颈关节，主要功能为带动头部的运动。

②胸椎关节又称胸关节，主要功能为带动胸背部的运动。

③腰椎关节又称腰关节，主要功能为带动腰背部的运动。

④肩关节的主要功能为带动上肢的整体运动。

⑤肘关节的主要功能为带动前臂的整体运动。

⑥腕关节的主要功能为带动手掌的运动。

⑦髋关节的主要功能为带动整个下肢的运动。

⑧膝关节的主要功能为带动小腿的运动。

⑨踝关节的主要功能为带动脚的运动。

（3）人体的体位

人体的体位主要包括站立、蹲、坐、躺等身体姿势。

（4）人体的方位

人体的方位指人体所处的方向与位置，主要有向左、向右、向后、向前及各个方位的各种夹角等。

（5）基本动作的形成

人体的肌肉具有一定的记忆效应。如果人体的肌肉反复进行同一种动作，那么其便会形成条件反射。对人体动作进行反复练习，能够实现动作记忆由大脑思维记忆转变成肌肉记忆。虽然人体的肌肉获得记忆的时间相对比较漫长，但是其一旦形成记忆，便需要较长的时间才能遗忘。

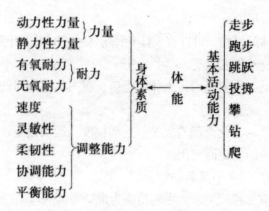

图 1-2　身体素质、体能与基本活动能力之间的关系

5. 核心发展要求

《3—6岁儿童学习与发展指南》针对幼儿动作发展也提出了明确的要求，主要指标是针对身体素质提出的。其建议活动内容与要求如下。

（1）具有一定的平衡能力、协调能力、灵敏度

①利用多种活动发展身体的平衡和协调能力。例如，走平衡木或沿着地面直线、田垄行走，还有玩跳房子、踢毽子、蒙眼走路、踩小高跷等游戏活动。

②发展幼儿动作的协调性和灵活性。例如，鼓励幼儿进行跑跳、钻爬、攀登、投掷、拍球等活动，还有玩跳竹竿、滚铁环等传统体育游戏。

③对于拍球、跳绳等技能性活动，不要过于要求数量，更不能机械训练。

④结合活动内容对幼儿进行安全教育，注重在活动中培养幼儿的自我保护能力。

（2）具有一定的力量和耐力

①开展丰富多样、适合幼儿年龄特点的各种身体活动，如走、跑、跳、攀、爬等，鼓励幼儿坚持下来，不怕累。

②在日常生活中，鼓励幼儿多走路、少坐车；自己上下楼梯、自己背包。

从以上要求与建议中可以看出，身体素质与基本活动能力之间有着密切的关系。其中，身体素质是核心，基本活动能力是途径。幼儿身体素质的发展是在各种身体的基本活动中得以实现的。幼儿活动能力又是幼儿身体素质发展水平的外部表现，提高幼儿的身体素质，是发展幼儿基本活动能力的基础。因此，在幼儿园体育活动目标的制定中，教师应寻求各种有效手段，紧紧围绕着身体素质的发展，开展体育活动。

四、幼儿体育游戏的目标与内容

（一）幼儿体育游戏的目标

幼儿体育游戏的目标对于幼儿体育游戏的开展以及幼儿身心健康的发展具有十分重要的规范与指导作用，同时也是衡量幼儿体育游戏活动开展效果的重要尺度。因此，教师在开展幼儿体育游戏活动的过程中，应该在相关理论的指导下，根据幼儿的实际情况，制定科学合理、明确可行且与幼儿身心发展特征相符合的目标与要求，以使其能够更好地满足幼儿的身心发展需求，进而充分发挥其增强幼儿身体素质、培养幼儿良好个性品质以及提升幼儿基本活动能力等方面的重要作用。

1. 幼儿体育游戏的总体目标

充分了解并掌握体育游戏对于促进幼儿身心素质的全面发展具有重要价值，能够帮助教师更好地认识并科学合理地制定体育游戏目标，以避免将发展幼儿身体素质作为体育游戏的主要目标。根据体育游戏对幼儿的身体素质、心理素质以及社交能力等方面的影响，可以将幼儿体育游戏的总体目标分为以下几个方面。

①激发幼儿对体育活动的兴趣与热情，逐步培养幼儿经常参加体育活动的良好习惯。

②发展幼儿的体能素质，主要包括对幼儿的力量素质、速度素质、耐力素质、灵敏素质以及协调素质等方面的发展，从而有效地促进幼儿走步、跑步、跳跃、投掷等基本动作的发展。

③充分调动幼儿参加体育游戏活动的积极性与主动性，培养幼儿的创造性思维与能力。

④斯加强对幼儿心理素质的培养，主要培养幼儿的观察力、意志力、注意力、想象力等，同时还应该培养幼儿的空间知觉、运动知觉，培养幼儿灵活敏捷的思维。

⑤培养幼儿良好的个性品质，提高幼儿社交能力。例如，培养幼儿勇敢坚强、独立自主的意志品质，培养幼儿的团队协作精神与良好的社交能力。

2. 制定幼儿体育游戏目标的依据和原则

（1）以《幼儿园教育指导纲要（试行）》为指导和依据，正确理解和把握游戏目标

《幼儿园教育指导纲要（试行）》的健康领域明确规定了幼儿体育游戏的总体目标，即"喜欢参加体育活动"，同时还对幼儿体育教育过程提出了具体的要求，即"建立良好的师生、同伴关系，让幼儿在集体生活中感到温暖，心

情愉快，形成安全感、信赖感"，"开展丰富多彩的户外游戏和体育活动，培养幼儿参加体育活动的兴趣和习惯，增强体质，提高对环境的适应能力"，以及"用幼儿感兴趣的方式发展基本动作，提高动作的协调性、灵活性"，除此之外，该纲要还提出了一些指导要求，如"健康领域的活动要充分尊重幼儿生长发育的规律，严禁以任何名义进行有损幼儿健康的比赛、表演或训练等"，"培养幼儿对体育活动的兴趣是幼儿园体育的重要目标，要根据幼儿的特点组织生动有趣、形式多样的体育活动，吸引幼儿主动参与"。这一系列的要求与指导为幼儿体育游戏目标的制定提供了重要的理论依据。

（2）把握幼儿的动作发展规律，制定适宜的游戏动作目标

体育游戏的开展是以身体活动为载体、以基本动作为主要内容的游戏活动，因此，体育游戏活动对于幼儿发展的促进作用主要是通过幼儿的身体活动来实现的。如果体育游戏的内容中不包括与人体动作有关的内容，那么体育游戏也就失去了其应有的体育属性与价值。幼儿的基本动作能力处于迅速发展时期，其运动技能水平也会随着年龄的增长而不断提高。因此，制定幼儿体育游戏目标应该严格遵循幼儿的年龄特点与身心发展需求。教育部于2012年10月颁布的《3—6岁儿童学习与发展指南》，在其健康领域中，也明确规定了幼儿身心发展与动作发展等多个方面的发展目标，同时也对幼儿体育教育提出了具体的相关建议，这为教师制定幼儿体育游戏目标提供了重要的理论依据。该文件是评价幼儿体育游戏活动开展效果的重要参考依据之一。

3. 不同年龄段幼儿动作发展目标及教育建议

（1）3—6岁儿童动作发展目标及教育建议

目标1：具有一定的平衡能力，动作协调、灵敏

3—6岁儿童动作发展目标见表1-1。

表1-1　3—6岁儿童动作发展目标（一）

3—4岁	4—5岁	5—6岁
1. 能沿地面直线或在较窄的低矮物体上走一段距离 2. 能双脚灵活交替上下楼梯 3. 能身体平稳地双脚连续向前跳 4. 分散跑时能躲避他人的碰撞 5. 能双手向上抛球	1. 能在较窄的低矮物体上平稳地走一段距离 2. 能以匍匐、膝盖悬空等多种方式钻爬 3. 能助跑跨跳过一定距离，或助跑跨跳过一定高度的物体 4. 能与他人玩追逐、躲闪跑的游戏 5. 能连续自抛自接球	1. 能在斜坡、荡桥和有一定间隔的物体上较平稳地行走 2. 能以手脚并用的方式安全地爬攀登架、网等 3. 能连续跳绳 4. 能躲避他人滚过来的球或扔过来的沙包 5. 能连续拍球

教育建议：

①通过各种形式的活动的开展来培养幼儿身体的平衡性与协调能力。例如，踩小高跷、踢毽子、走平衡木等。

②通过各种活动来培养幼儿动作的灵活性与协调性。例如，组织幼儿参加跑跳、钻爬、投掷等活动，也可以开展滚铁环、玩跳竹竿等民间传统体育游戏活动。

③在开展各种技能性活动的过程中，应该注重训练方式的灵活性，而不能一味地追求训练的数量，如拍球活动、跳绳运动等。

④在开展幼儿体育游戏活动的过程中，应该注重实施安全教育，以培养幼儿的自我保护能力。

目标2：具有一定的力量和耐力

3—6岁儿童动作发展目标见表1-2。

表 1-2　3—6 岁儿童动作发展目标（二）

3—4 岁	4—5 岁	5—6 岁
1. 能双手抓杠悬空吊起10 秒左右	1. 能双手抓杠悬空吊起15 秒左右	1. 能双手抓杠悬空吊起20 秒左右
2. 能单手将沙包向前投掷2 米左右	2. 能单手将沙包向前投掷4 米左右	2. 能单手将沙包向前投掷5 米左右
3. 能单脚连续向前跳 2 米左右	3. 能单脚连续向前跳 5 米左右	3. 能单脚连续向前跳 8 米左右
4. 能快跑 15 米左右	4. 能快跑 20 米左右	4. 能快跑 25 米左右
5. 能行走 1 公里左右（途中可适当停歇）	5. 能连续行走 1.5 公里左右（途中可适当停歇）	5. 能连续行走 1.5 公里以上（途中可适当停歇）

教育建议：

①积极开展形式多样、种类丰富且与幼儿身心特征相符合的身体活动。例如，走步、跑步、跳跃、攀爬，积极鼓励幼儿要坚持，增加幼儿参加活动的自信心与动力。

②鼓励幼儿在日常生活中自觉进行体育锻炼，可以多走路、少坐车，可以自己上下楼梯等。

③充分掌握幼儿的年龄特征，有针对性地开展体育游戏活动，以保证体育游戏目标的可行性。

对于3—6岁的幼儿而言，其在身体素质与心理素质等方面具有比较明显的差异，因此，在参加体育游戏活动的过程中，其所表现出来的行为也具有较大的差异性，主要表现在运动技能水平、对规则要求与结果的理解以及对角色与情节的把握等方面。因此，教师应该根据上述几方面来对不同年龄段幼儿体育游戏活动的特点进行全面把握（参见表1-3中的内容），只有如此，才能保证体育游戏目标的科学性、合理性、针对性与可行性。

表1-3 不同年龄段幼儿体育游戏的基本要求

项目	小班	中班	大班
内容动作	内容、动作简单	内容开始复杂，喜欢有情节的游戏和追逐性游戏	喜欢竞赛性的游戏和内容丰富、将体力与智力相配合的游戏，动作增多，难度增大
情节	简单	复杂性增加	较复杂
角色	少，多为幼儿熟悉的角色	增多	较多，与情节的关系更复杂
规则要求	简单，不带限制性	较复杂，带有一定的限制	较复杂，限制性较强
结果	幼儿不太注意	幼儿有所注意	喜欢有胜负的结果
活动方法	集体同做一种动作，共同完成一项任务	出现两三个人合作的游戏	合作性游戏增多，增加了组与组的合作

④游戏活动的具体内容和形式是制定游戏活动目标的直接依据

体育游戏具有丰富多样的形式与内容，不同形式与内容的体育游戏，往往具有不同的功能、价值与目标。例如，对于以小组或者集体的形式开展的体育游戏活动来说，其目标应该侧重于幼儿团结合作意识、竞争精神以及规则意识等方面的培养；对于那些器械操作方法丰富多样的体育游戏活动而言，其主要目标应该侧重于对幼儿创新思维、发散思维、想象力等方面的发展；对于以角色模仿为形式且具有一定的情境性的体育游戏活动来说，其目标不仅应该包括对幼儿体质的发展，同时还应该注重对幼儿情绪与情感等方面的培养。

⑤在对游戏目标进行表述时应采用多种陈述方式

教育目标的陈述主要包括三种方式：一是预先注重行为结果的行为目标；二是在活动开展过程中得以不断明确的具有开放性特征的生成性目标；三是注重幼儿个性自由发展的表现性目标。在以往的幼儿体育教育中，教师常常依赖行为目标，也就是在预先确定目标的情况下，对幼儿体育活动的过程进行设想，并对幼儿的行为结果进行检验，这样的目标陈述方式很容易导致幼儿体育行为出现机械化特征，从而大大限制了幼儿的天性发展。要想保证幼儿体育游戏目标的科学性，培养出德智体美全面发展的、能够与社会发展需求相适应的综合型人才，教师就应该将行为目标、生成性目标与表现性目标有机地结合起来，充分体现生成性目标与表现性目标的价值。

（二）幼儿体育游戏的内容

1. 幼儿体育游戏的基本内容

幼儿体育游戏是一种以身体活动为主要载体和内容的游戏活动，具有丰富多样的形式与类型。其主要内容包括以下几个方面。

①以走步、跑步、跳跃、投掷、钻爬、攀登、滚动等各种基本动作的发展为主要内容的体育游戏活动。

②利用各种大小的运动器械来进行的体育游戏活动，如球类游戏、沙包游戏、跳绳游戏等。

③通过利用各种自然资源所进行的体育游戏活动，如利用冰雪、水、土、石头、山坡等。

④各种舞龙、斗鸡、跳竹竿、荡秋千等民族、民间地域性体育游戏活动。

2. 选择体育游戏内容的注意事项

教学内容是实现教学目标的重要载体。从大的方向来讲，幼儿体育游戏主要有两方面的目标：一是促进幼儿基本动作的发展，促进幼儿体质健康发展，使幼儿的身体能够正常发育；二是激发幼儿对体育活动的兴趣，使幼儿形成积极参加体育运动的习惯。因此，幼儿教师在选择体育游戏内容时，除了需要结合幼儿身心发展特征，从培养目标出发之外，还应该注意以下几方面内容。

（1）注重基本动作的练习，并且以大肌肉群为主

幼儿体育游戏的主要内容是一些基本动作。基本动作指人们在进行日常活动时所需要的最基本的身体运动技能，如走、跑、跳跃、投掷、钻爬、攀登等。幼儿体育游戏以这些基本动作为主要训练内容，对幼儿的力量素质、速度素质、耐力素质、协调素质以及灵敏素质等身体素质进行训练，同时也对幼儿的心理素质进行训练，进而实现幼儿体能素质与心理素质的全面发展。需要强调的是，基本动作主要包括两种类型：一种是周期型动作，这一类型的动作是通过不断重复、反复进行的方式来开展的，其主要特点为动作结构简单，易于学习和掌握，主要包括走步、跑步、爬行等动作。另一种是非周期型动作，这类动作通常由多个相互衔接的基本动作组合在一起，进而形成一个完整且独立的动作，其主要特点为动作结构相对复杂，对于幼儿而言，具有一定的难度，难以迅速学习与掌握，如跳跃、投掷以及侧面钻等。教师在选择体育游戏活动内容时，应该根据不同年龄段幼儿基本动作的发展情况，合理选择难度适应的游戏动作，同时还应该根据实际情况合理搭配两种类型的动作。

游戏活动通常有一些娱乐性情节和游戏情节，由于体育游戏属于活动性游

戏中的一种，因此，人们很容易将体育游戏与音乐游戏、表演游戏等混淆在一起，很容易分不清体育游戏与其他活动性游戏之间的本质区别，体育游戏与其他活动性游戏之间最大的差异在于：体育游戏主要通过对身体主干部位与大肌肉的训练来实现对幼儿身体的锻炼，进而实现幼儿体质的增强。因此，教师在对体育游戏的动作内容进行选择与组合时，应该注意身体大肌肉群的运动组合，例如，应该加大对幼儿肩带肌肉、腰部肌肉以及脚部肌肉的锻炼，也可以通过各种游戏活动来发展幼儿的下肢运动、屈体与转体运动以及全身性伸展运动。

通常情况下，不同年龄段幼儿的大动作或躯体动作的发展有着不同的特点。其主要表现在以下几方面。

①对于2—3岁的幼儿而言，其在走路时已经有了明显的节奏，能够由向前的快步走转变为跑步；可以做向上、向前的跳跃动作和接物动作，但是上半身的动作仍然有些僵硬；能够一边走步，一边推小玩具车，但是难以随时准确地把握方向。

②对于3—4岁的幼儿而言，其在上楼梯时，一般能够双脚交替进行，但是在下楼梯时，仍然只能用单脚引导向下；在做向上、向前的跳跃动作时，上半身的动作开始变得灵活；在投掷物体时，仍然需要依靠上半身的一点力量来进行，在接球的过程中，仍然需要依靠胸部来辅助进行；能够双手扶把，独自踩三轮小童车。

③对于4—5岁的幼儿而言，其运动能力又得到了进一步的发展。在下楼梯时，能够双脚替换进行；跑步时稳定性较高；能够用一只脚快速地跳跃；在投掷物体时，能够依靠身体的转动以及改变双脚的重心来完成动作；接球时只需要凭借双手就可以实现；能够快速地踩三轮童车，并且能够较为准确地把握方向。

④对于5—6岁的幼儿而言，其跑起来的速度变得更快，且快速奔跑时能够保持平稳；能够完成真正的跳跃运动；在接物和投掷物体时，其动作模式变得更加成熟；能够踩带有训练轮子的自行车。

（2）游戏内容具有趣味性，兼具发展性和开放性

组织开展幼儿体育游戏的主要目的在于调动幼儿参加体育运动的积极性与主动性，促进幼儿身心的健康发展，这就需要充分激发幼儿参加体育游戏的兴趣，为幼儿积极主动地参加体育游戏提供重要的动力。当教师所选取的体育游戏内容能够与幼儿的兴趣与需求相符时，幼儿参加体育游戏的积极性便可以得到提高。在这一过程中，幼儿教师应该注意以下两方面的内容。

首先，注重幼儿体育游戏内容的发展性。教师选取的内容要难度适宜，避

免游戏内容过于简单或者复杂，过于简单的游戏难以长时间维持幼儿的兴奋水平，过于复杂的游戏则很容易让幼儿产生挫败感，从而失去兴趣与自信心。游戏过于简单或者过于复杂都不利于幼儿体育游戏活动的顺利开展，也不利于幼儿身心的健康发展。因此，教师在选择体育游戏内容时，要充分考虑幼儿的年龄特征、身体动作发展规律以及动作发展水平，以保证幼儿体育游戏活动的开展效果。

其次，注重幼儿体育游戏内容来源的开放性。幼儿自身的身心发育特点决定其很容易"喜新厌旧"。教师在选择体育游戏内容时，应该注重内容来源的多元化，并根据幼儿的身心发育特点进行适当的改进与创新，以最大限度地增加体育游戏活动对幼儿的吸引力。例如，教师可以从自然界、电视节目、童话故事中积极吸取并借鉴新的动作、情节与开展方式等，只有如此，才能尽可能长时间地保持幼儿对体育游戏内容的新鲜感，也才能使之始终对体育游戏充满兴趣，从而以高度的热情参与到体育游戏活动中，进而实现自身的自由发展。

第二节 幼儿体育游戏的组织与指导

一、注重激发幼儿的兴趣

（一）故事引导

生动有趣的故事情节能够快速吸引幼儿的注意力，使幼儿迅速进入学习的状态。教师通过故事化的情境导入，能够有效地赋予体育游戏活动以灵魂和生命，能够巧妙地将体育游戏目标与要求内化成幼儿参加体育游戏活动的愿望与内在动机，从而引导幼儿主动参与到体育游戏活动中。

（二）器材吸引

通常情况下，多数体育游戏活动需要借助一定的器材才能进行，而富于变化的器材也能在很大程度上激发幼儿的好奇心与探索欲。

教师在开展幼儿体育游戏活动时，应该充分利用器材来培养幼儿的想象力、创造力，积极引导、鼓励并启发幼儿对体育器材进行发散性想象与创造性操作，尽量打破常规用法，尽可能地使用单一的器材进行多样化的动作创编，争取实现一物多玩的目的。另外，也可以鼓励幼儿在游戏活动中创新器械的不同使用方法与摆放形式，积极创设各种个性化的竞赛活动。

（三）情景布置

幼儿一般喜欢追求刺激，同时具有较强的冒险精神。因此，教师在开展幼儿体育游戏活动时，应该以游戏主题为中心来布置情景，通过生动形象的故事来吸引幼儿的注意力，激发幼儿参加体育游戏活动的兴趣与愿望。在这一过程中，教师可以充分借助周围的天然环境因地制宜地创设故事情景。例如，可以将幼儿园中的小径、花园、假山等天然场景作为游戏活动的开展环境，并大胆地创设出能够激发幼儿兴趣的故事情景。

二、重视热身运动

热身运动是正式开展各种体育活动之前的基础环节。在开展体育活动之前进行热身活动，能够有效地舒展肌肉，润滑关节，促进机体的血液循环，从而使身体能够更好地适应之后的体育活动。一般情况下，热身活动主要包括头颈部活动、躯干活动、各个关节活动等。教师在开展幼儿体育游戏活动之前，应该对幼儿在游戏活动中需要反复使用的关节部位进行重点热身，以增强幼儿这些关节部位的适应能力。比如说，在手推车游戏中，由于其对手腕部的支撑力有着较高的要求，因此，教师应该对幼儿的腕关节进行更多的热身，以免造成腕关节损伤。

三、正确运用讲解和示范

针对不同类型的体育游戏活动，教师在讲解与示范时应该注意简繁有度。例如，教师在开展情节与场景比较多的体育游戏活动时，应该对游戏动作与规则要求进行详细讲解。在开展具有竞争性的、且有较多躲闪性动作的球类游戏与器械类体育游戏时，教师在讲解游戏动作与规则要求时，应该尽量做到简短精练且准确，如果有必要，可以对一些复杂动作进行示范。而且在讲解的过程中，还应该充分考虑幼儿的年龄特征、理解能力与接受能力等情况。例如，对于小班幼儿，可以使用富有感情的语言来引导其对某一动作与规则进行重视；对于中班与大班幼儿，教师可以经常地组织主题游戏与模仿性游戏，在对游戏动作与规则进行讲解时，应该尽量使用生动形象的语言，以启发幼儿的想象力，使幼儿有身临其境之感，从而帮助幼儿更加准确地做出游戏动作，最终顺利完成游戏活动的任务。

四、注意培养幼儿的自主性和规则意识

幼儿一般活泼好动，容易兴奋，但是却缺乏足够的自觉性与自制力，并且注意力容易分散，容易感到疲劳，难以长时间地坚持做一件事情。因此，教师

应该注意通过多种方法来使幼儿更好地控制自己的行为，从而加强对幼儿规则意识的培养。当幼儿在游戏过程中出现违规行为时，可以通过简单的语言来引导幼儿认识到自己的问题，并积极改正，也可以在开展游戏活动之前，提前向幼儿讲解清楚违规行为的惩罚措施，并按照这一惩罚规则来对游戏活动中的违规行为进行惩戒。例如，可以让幼儿表演节目，或者取消其游戏资格等。对于大班与中班幼儿在游戏活动中表现出来的典型问题，可以适当地放手，给幼儿足够的空间，使其自己思考该建立什么样的规则，并认真执行、相互监督，从而逐步实现对幼儿自主性与规则意识的培养。

五、观察与适时指导

对幼儿的游戏活动应该进行密切的观察与关注，并适时地提供一定的指导。观察的主要目的在于对幼儿的活动能力以及其中存在的主要问题进行了解，并且寻找出幼儿在参加活动时所出现的共有问题与个别问题。然后在此基础上，在保证不损害幼儿主体性的条件下，为幼儿提供适当的指导与帮助。教师在为幼儿提供指导时，应该注意指导的时机要恰当。例如，当幼儿注意力分散、不玩玩具、四处张望时，教师可以适当给予指导；当幼儿在参加游戏活动的过程中遇到问题时，教师可以适当地给予指导。

六、在快乐的气氛中结束游戏

对于一场好的体育游戏活动而言，游戏活动的开始方式与结束方式也是十分重要的，需要教师予以重视。通常情况下，当全班幼儿在游戏活动中，情绪处于亢奋的状态，还没有感到疲劳时，结束游戏是最合适的。选择在这个时候结束游戏，能够使幼儿有意犹未尽之感，同时还期盼下一次游戏活动的举办。另外，在结束游戏时，教师应该引导幼儿主导参与到器材的整理活动中，以使幼儿养成有始有终的好习惯。

七、组织体育游戏的注意事项

①教师在对幼儿进行分组时，应该尽量保证幼儿的人数与运动能力都差不多。

②教师应该尽可能地避免过于频繁且时间过长的静力性游戏；教师应该尽量避免选择需要憋气、肌肉始终处于过分紧张状态的游戏，同时也应该注重对

运动量的控制，避免开展运动负荷过大的游戏；教师应尽量避免开展需要较长时间的耐力性游戏。

③教师在制定游戏规则时，应该尽量具有针对性，并且尽可能地精简。

④教师应该密切注意幼儿姿势与动作的规范性和准确性。

⑤教师在开展体育游戏活动之前，应该做好场地、器材、服装、组织等工作，以免产生碰撞、摔伤等伤害事故。

第三节 幼儿体育游戏的观察与评价

一、幼儿体育游戏的观察

在幼儿教育中，观察是非常重要的环节。教师通过对幼儿活动的密切观察，能够充分了解幼儿在提议游戏活动中的具体表现，同时也能够为幼儿提供针对性强的指导。

（一）幼儿体育游戏观察的基本内容

①观察幼儿对基本动作的掌握程度与完成质量，以了解这些游戏活动的动作与幼儿的发展水平是否相符，从而利于教师对动作的难度做出及时的调整。

②观察幼儿在体育游戏活动中的发热情况与出汗情况，以便于教师对运动量进行适当的调整，从而更好地控制运动负荷。

③观察幼儿在体育游戏活动中的情绪态度，并根据幼儿的情绪变化情况，了解幼儿的兴趣点。

④观察幼儿对器材的使用情况，主要包括幼儿对器材的使用频率、使用方法等，以便于教师更好地调整器材数量与种类。

⑤观察幼儿对游戏场地的使用情况，观察是否存在过于拥挤或者控制的情况，是否有利于体育游戏活动的顺利开展，以便于教师对游戏场地进行合理规划与设计。

⑥观察幼儿在游戏过程中的表现，了解幼儿对规则的使用情况与角色的分配情况，以便于教师对游戏规则与分组方法的合理性进行分析了解，从而对游戏规则与分组方法进行适当的优化与改进。

⑦教师应该注重对个别幼儿的观察，要充分考虑到不同幼儿各方面的差异性，根据不同幼儿在发展水平与接受能力等方面的差异性，制定出具有针对性的指导方案与要求，并且在幼儿需要时及时给予一定的帮助与保护。

（二）幼儿体育游戏观察的方法

教师在对幼儿体育游戏活动情况进行观察时，一般可以采用行为核对表（如表1-4所示）的方式进行，也可以通过轶事记录法进行观察。需要强调的是，由于幼儿体育游戏的观察内容十分丰富，如幼儿的动作表现、体力情况、情绪状态、认知活动情况等，再加上同时参加游戏的幼儿人数又相对较多，且幼儿所扮演的角色及其角色活动又复杂多样，因此，要想对多个幼儿的活动情况同时进行观察，是非常困难的。故教师在对幼儿游戏活动的情况进行观察时，应该做到有重点、有主次地观察，根据实际情况的变化随时调整主次，同时还要做到全面观察。另外，教师还应该选择合适的观察位置，并根据情况的变化适当改变观察位置，以便于对重点内容进行观察。在采用依次练习法进行游戏活动时，教师应该对幼儿的游戏活动情况进行依次观察。在采用同时练习法开展体育游戏时，教师应该根据体育游戏活动的特点与自身注意范围的大小来合理确定观察的顺序。

表1-4　幼儿体育活动观察表

姓名	项目	情绪状态		动作表现						轶事简述
		胆怯	高兴	需要帮助	独立	喜欢单独玩	乐意和同伴一起玩	喜欢模仿	创造性地玩	

二、幼儿体育游戏的评价

《幼儿园教育指导纲要（试行）》明确指出："教育评价是幼儿园教育工作的重要组成部分，是了解教育的适宜性、有效性，调整和改进工作，促进每一个幼儿发展，提高教育质量的必要手段。"全面了解幼儿体育游戏活动的评价内容，科学选择适宜的评价方法，有利于教师对体育游戏活动的组织与设计进行更好的优化与调整，从而充分发挥体育游戏促进幼儿身心发展的重要价值。

（一）幼儿体育游戏评价的内容

1. 身体健康的评价

对幼儿身体健康的评价，主要指根据幼儿体质健康标准，并结合幼儿的体格检查情况，对幼儿的身体姿势与体型等身体的外部形态进行科学全面的评价。具体来讲，主要包括对幼儿的体质健康、体格发展、体能素质以及生活习惯等方面进行综合性评价。

2. 体育健康知识与运动技能的评价

在幼儿体育游戏评价中，对幼儿的体育健康知识与运动技能的评价主要包括以下几方面的内容：一是对幼儿对体育与健康的认识情况进行评价；二是对体育与健康知识对于人的社会价值进行评价；三是对幼儿对体育与健康知识的掌握程度及实践运用情况进行评价；四是对幼儿对与其学习水平与目标要求相符合的运动技能的学习情况及运用情况进行评价。

3. 学习态度与行为表现的评价

对幼儿在参加体育游戏活动过程中的学习态度与行为表现进行评价的内容主要包括以下几方面：一是对幼儿在体育游戏活动中的积极性进行评价；二是对幼儿在体育游戏活动中对规则与纪律的遵守情况以及表现情况进行评价；三是对幼儿参加体育游戏活动的自觉性与主动性进行评价；四是对幼儿在参加体育游戏活动过程中所表现出来的态度进行评价，具体包括幼儿是否全身心地投入，是否积极主动地思考，是否愿意为了实现目标而反复练习，是否能够认真地接受教师的指导等。

4. 情感意志与社会适应能力的评价

对幼儿在参加体育游戏活动过程中的情感意志进行评价的内容具体包括以下几方面：一是对幼儿的情绪进行评价，即幼儿在游戏过程中能否很好地控制自身的情绪，是否具有高度的热情；二是对幼儿的自我概念进行评价，即幼儿能否战胜一些自卑、胆怯等消极心理，能否充满信心地参加体游戏活动，是否能够努力地展现自我。对幼儿的社会适应能力进行评价的内容主要包括以下几方面：一是能否向同伴分享自己的学习心得与成功后的喜悦之情，在遇到困难时是否有足够的勇气独自面对；二是在集体性游戏活动中，能否与同伴进行积极配合，以共同完成体育游戏任务。

（二）幼儿体育游戏评价的技巧

教师在对幼儿在参加体育游戏活动的过程中的情况进行评价时，主要使用语言评价与非语言评价的方法。具体来说，在进行语言评价与非语言评价时应注意以下几方面的技巧。

1. 语言评价

（1）在具体的评价过程中，教师应尽量使用积极正面、具有激励性的语言进行评价

从大量的实践中可以看出，经常使用激励性语言，不仅能够有效地激发幼儿的学习兴趣，帮助幼儿树立自信心，而且还可以培养幼儿自信、积极、进取的学习态度。因此，教师应该多使用肯定性与激励性语言。

（2）教师在使用评价语言的过程中，应尽量使用商量的语言与语气

通常情况下，幼儿不太喜欢教师过于严苛的训斥与说教，不喜欢教师居高临下的态度，因为这样很容易让幼儿产生畏惧、排斥等心理。

（3）教师应尽量使用具有创新性的语言

教师在对幼儿的学习与练习情况进行评价时，在语言方面要尽量丰富且富有新意。比如说，当教师要请某一小组的幼儿为大家示范游戏动作时，可以说："因为你们小组表现得很好，因此请你们来为大家示范表演一下。"当小组示范结束之后，此时，教师又可以说："请大家用热烈的掌声感谢他们。"如此一来，可以使示范表演的幼儿充分体验到成就感，同时也可以使观看的幼儿学会感激与欣赏。

2. 非语言评价

教师的非语言评价主要包括手势动作、目光接触、面部表情、动作暗示以及哨声使用等几方面内容。

（1）手势动作

在开展体育游戏活动的过程中，手势动作是教师经常使用的评价技巧之一。例如，当幼儿在游戏活动中表现得很好，且能够很好地完成某一动作时，教师可以通过竖起大拇指的方式来对其进行无声的表扬；当幼儿没能够正确地完成某一训练动作时，教师可以轻拍幼儿的肩膀，以示鼓励，然后再做一个再来一次的手势；在跑步游戏中，当幼儿落后于队尾，并表现出意志消沉的神情时，教师可以向幼儿握拳并用力向前挥舞，使幼儿奋力向前，从而为幼儿加油打气。这些看起来很平常的手势动作，一方面能够拉近教师与幼儿之间的距离，另一方面能够达到比正面教育更加显著的效果。

（2）目光接触

在非语言评价技巧中，眼神接触是用途最为广泛的技巧之一。在体育游戏活动中师生之间能够通过眼神接触的方式来实现很多信息与情感的有效交流。当幼儿在体育游戏活动中取得较大进步时，教师可以给予赞许的目光，以表示表扬和鼓励；当一些胆小的幼儿在体育游戏活动中表现得过于胆怯、畏缩时，教师可以用鼓励性的目光注视他，以增加其参加游戏活动的信心和勇气。

（3）面部表情

表情是人们表达自身情绪、进行人际交往的重要方式。相对于语言，表情能够更加真实地反映个体的情绪。当幼儿在体育游戏活动过程中表现良好时，教师要眉开眼笑，以使幼儿感受到教师对自身行为的认可与关注；当幼儿准确地完成某一个动作时，教师可以通过真诚的微笑来表示对其的欣赏与认可，以激励其更加积极主动地参加体育游戏活动。

（4）动作暗示

其主要包括点头、鼓掌以及身体接触等。点头通常表示肯定，在体育游戏活动中，是最为简单且常用的非语言信号，对幼儿的行为具有明显的强化作用。也就是说，当幼儿在进行某一行为动作时看到老师点头，就会进一步强化自身的这一行为动作。相反，当幼儿在进行某一行为动作时看到老师摇头，那么其行为便会因为教师的摇头而得到抑制。另外，在体育游戏活动中，鼓掌也是教师常用的一种非语言信号。在某一特定情况下，教师适当采用鼓掌的方式，既能够传达信息，又能够起到语言所不能起到的作用。例如，当教师在对游戏规则与动作进行讲解与示范时，如果有幼儿表现得过于调皮，或者随意讲话，或者做各种小动作，或者东张西望，注意力不集中，那么此时教师可以"啪、啪"鼓掌两声，清脆响亮的掌声既是一种提醒，也是一种善意的批评，能够很好地保护幼儿的自尊心。当幼儿在游戏活动中确定明显进步时，教师可以通过鼓掌的方式来表达对幼儿的表扬。在体育游戏活动中，教师与幼儿之间难免会有很多的身体接触，在为幼儿提供帮助与保护时所进行的身体接触即参与性身体接触，在对幼儿进行表扬、鼓励、安慰与警示时所用的身体接触即情感性身体接触。

（5）哨声使用

在体育游戏活动中，哨声往往表示教师的命令与指示。例如，当幼儿在体育游戏活动中注意力不集中时，教师可以通过哨声来提醒、警告；当幼儿在比赛中违反规则时，教师可以通过哨声来给予不同程度的警告，违反规则的幼儿一般能够理解教师的意思，并且在之后的比赛中会特别注意自己的行为。

第二章 幼儿体育游戏创新技法与程序

在幼儿体育游戏教学中，教师通常会通过游戏的方式来实现教学目标，而教师所采用的游戏既可以直接来源于教材，也可以是教师根据幼儿园场地器材情况与幼儿的实际发展情况，对教材中的游戏进行适当的创新与改进而形成的。

教师在对幼儿体育游戏进行创新、创编时，需要遵循一定的原则。幼儿游戏的创新原则指教师在对幼儿体育游戏进行创新与运用时，根据自身的经验逐渐总结、积累与概括形成的一种准则。严格遵循幼儿游戏的创新与运用原则，能够在很大程度上保证游戏活动的科学性与有效性。

教师在对幼儿体育游戏进行创新与编排时，需要掌握正确的技法，并严格遵循科学的程序。科学合理的创新技法，能够保证游戏创新活动的顺利有序进行，同时也能保证创新出来的幼儿体育游戏活动的规范性与合理性。

第一节 幼儿体育游戏的创新原则

随着幼儿园客观条件与教学环境的不断发展与变化，随着社会对幼儿身心发展需求的变化，幼儿体育游戏活动也应该有相应的发展与变化，以更好地适应教学要求与社会发展需求。由于各方面因素的影响，幼儿体育游戏在发展的过程中，不可避免地会存在一定的局限性，这使得其难以与幼儿的实际需要相符合。因此，教师不应该一成不变地长期进行传统的体育游戏活动，而是应该结合具体的客观条件与幼儿的发展需求，对游戏进行适当的创新与改进，以充分发挥幼儿体育游戏应有的效果。下面对进行体育游戏创新所应遵循的几大原则进行具体分析。

一、科学性

教师在对幼儿体育游戏进行创新时，要注意使游戏与幼儿的年龄特征与性别特征相符合，以保证体育游戏的科学性。虽然不同年龄段的幼儿在个性爱好方面有很大的共同点，但是不同年龄段的幼儿在基本动作的发展方面呈现出一定的差异性。因此，教师在对体育游戏进行创新与运用时，应该充分考虑这一情况，根据不同幼儿的具体情况，合理确定游戏动作的难度与负荷量，以保证幼儿体育游戏活动的科学性与适宜性。

二、趣味性

教师在对幼儿体育游戏进行创新与选用时，应注重趣味性的体现，以使之能够更好地激发幼儿参加体育游戏活动的兴趣。体育游戏活动的趣味性能够在很大程度上影响幼儿体育游戏教学活动的开展效果。教师在对体育游戏进行具体的创编时，应该重点从动作设计与胜负判定两个方面着手，要保证游戏情节的生动性、游戏内容的丰富性、游戏形式的多样性，以尽可能地调动幼儿参加体育游戏的积极性。

三、锻炼性

教师在对幼儿体育游戏进行创新与选用时，应该以能够促进幼儿基本动作的发展为主，要使之具有一定的锻炼性。体育游戏是幼儿体育教学的重要内容，是教师开展幼儿体育教学活动的重要方法与手段，同时也是促进幼儿基本动作发展的重要形式。教师在对游戏进行创编时，应该将幼儿基本动作的训练融入幼儿体育游戏情节中，同时还应该注重对幼儿体育游戏负荷量进行合理控制。

四、安全性

教师在对幼儿体育游戏进行创新与选用时，还应该对安全因素进行考虑，要尽最大努力保证幼儿体育游戏活动的安全性。安全是保证体育教学活动顺利开展的重要前提条件，教师要提前了解幼儿体育游戏活动中可能出现的不安全因素，在对体育游戏进行创编时，要仔细琢磨、反复推敲游戏活动的各个环节，如动作设计、教学方法、活动准备、游戏规则等，以尽量避免伤害事故的发生。

五、教育性

教师在对幼儿体育游戏进行创新与选用时，还应该注重体育游戏活动教育性的体现，以帮助幼儿形成良好的个性品质。体育游戏既是促进幼儿基本动作发展的重要手段，是促进幼儿认知水平提高的方法，同时也是对幼儿进行品德教育的重要途径。因此，教师在具体的创编过程中，应该注重对品德教育的融入，培养幼儿强烈的责任感与集体荣誉感，促进幼儿形成一定的自主意识与纪律意识，培养幼儿团结友爱、勇敢坚强等良好的精神品质。

第二节 幼儿体育游戏的创新技法与程序

教师在创新与运用幼儿体育游戏时，应当严格遵循创新原则，以便正确地进行体育游戏的创编，从而在一定程度上保证幼儿游戏创编的科学性，不至于出现特别明显的缺陷或者错误。当教师掌握了正确的幼儿体育游戏创新技法与程序时，其便能使创编工作可以高效率地开展，从而创编出更加规范的幼儿体育游戏。

一、幼儿体育游戏的创编技法

（一）变化法

教师可以从教材中选择一些易于变化的体育游戏，然后根据教学要求与幼儿身心特征，在原有基础上进行大胆的创新与改造，以创编出更加多样化的幼儿体育游戏。例如，教师可以根据田径类接力跑游戏的特点，对其进行适当的改造，可以创编出钻跨障碍、负重接力、抱球接力等新型体育游戏活动。

（二）组合法

在严格遵循幼儿体育游戏创编原则的条件下，教师可以充分运用排列组合原理，对幼儿体育游戏进行创编。教师可以将种类不同的几种体育游戏自由组合，也可以将多种不同的游戏形式与游戏手段融入幼儿游戏动作中，从而组合成更多新的幼儿体育游戏。

（三）移植法

教师在创编幼儿体育游戏时，可以在日常生活中寻找灵感，将生活中一些常见的活动内容、活动方式与动作情节，融入幼儿体育游戏中，以创编出新的幼儿体育游戏。例如，教师可以借鉴"抗洪救灾"中人们搬运沙袋的动作，开展幼儿搬运重物接力比赛活动，如此一来，既可以赋予幼儿体育游戏更多的实用性与新颖性，同时也可以赋予其更多的教育价值。

（四）程序法

在对幼儿体育游戏进行创新与改造时，按照一定的逻辑与程序所进行的方法被称为程序法。程序法的运行步骤具体如下所示。

①明确游戏创编的目的与任务。根据已有的客观条件与设想的效果确定游戏创编的目的与任务。

②对游戏进行规划与设计。经过严密的构思，选择游戏的内容与素材，并对游戏的创编形式与程序进行确定，进而设计出游戏的基本模型。

③对游戏进行反复验证与修改。通过不断的实验、斟酌、修改与完善，来保证游戏的科学性、合理性、实用性与可行性。

④将整个游戏的相关内容编写出来。将游戏的名称、目的、开展场地、器材、玩法、规则以及教学建议等相关内容以规范的书写形式展现出来。

（五）提炼法

提炼法就是通过对其他已有的体育游戏进行去粗取精，从而创编出与幼儿身心发展特征相符的体育游戏。

在对幼儿体育游戏进行创新与改造时，除了上述几种方法之外，还有很多其他方法，如思维法、实验法、模仿法、简化法等，同时也可以对竞技体育运动中的一些创新方法进行借鉴。

二、幼儿体育游戏的创新程序

（一）明确游戏的目的与任务

对于幼儿体育游戏的参加者而言，幼儿参加体育游戏活动的主要目的在于体验这一愉快的参与过程。然而，对于游戏组织者而言，开展幼儿体育游戏的目的是实现一定的教育目的。这是教师幼儿体育教育的一个重要手段，因此，其目的主要是通过游戏的方式培养幼儿参加体育活动的兴趣，增强幼儿身体素质，促进幼儿基本动作与心理素质的发展。这一目标是通过不同的游戏活动实现的，而幼儿在参加具体的游戏活动时，需要集中注意力、参加准备活动、学习掌握游戏动作技术等。教师在对幼儿体育游戏进行创新与改造时，首先要做的是对游戏的目的与任务进行明确，以能够有的放矢地进行游戏创编。

（二）选择游戏的素材

在确定游戏活动的目的与任务之后，教师便可以对游戏素材进行选择。教师在选择游戏素材时，应该根据游戏任务有针对性地选择。例如，如果要幼儿集中注意力，那么教师可以选择一些运动量较小的游戏素材；如果想要开展一些有助于幼儿放松精神的活动，那么教师所选择的游戏素材应能体现很大的趣味性；如果要锻炼幼儿的腿部力量，那么教师可以选择一些以跑、跳动作为主的素材；如果要使幼儿学习一些专项技术活动的游戏，那么教师可以选择以专项技术动作为主的素材。

另外，教师也可以将多种游戏任务融入同一个游戏活动中。比如说，一个游戏任务是锻炼幼儿集中注意力，另一个游戏任务是让幼儿对队列中的向左、右转动作进行学习，那么教师此时可以开展"先算后转"的游戏活动，从而通过一个游戏活动来完成两项游戏任务。

幼儿体育游戏是一种致力于幼儿体力发展的游戏活动，所以，教师在创编幼儿体育游戏时，所选取的游戏素材应该具有明显的体力活动特征，而这些体力活动主要是体育动作，但又不只是体育动作，同时还有其他很多动作内容，都可以作为幼儿体育游戏的创编素材。具体内容如下所示。

①能够发展幼儿身体基本活动能力的动作，如走、跑、跳、支撑、攀高、爬行、钻越、追捕、躲闪、搬运等。

②队列动作，如原地向左、右、后转，下蹲、起立等。

③竞技运动中的动作，如球类游戏中的传球动作、田径运动中的接棒与起跑动作、体操运动中的跳绳与跳跃等。

④日常生活中的一些动作，如搬运重物、使用筷子等。

⑤模仿性动作，其可以是模仿动物行为、模仿机械运作、模仿军事作战等动作。如模仿鸭子走路，模仿飞机飞行等。

⑥其他动作，如杂技表演、体育舞蹈等活动中的一些动作。

在上述这些动作中，一些动作可以直接作为游戏活动的素材，一些动作则需要进行一定的加工与改造，之后才能作为幼儿体育游戏的素材。

教师除了对上述这些动作进行运用与改造之外，还可以充分发挥自身的想象力，创造出一些富有新意且符合幼儿身心发展特征的游戏素材。

（三）确定游戏的方法

教师在选择完游戏素材之后，就要开始确定游戏活动的开展方法。具体来说，其主要包括游戏准备、游戏开展形式、游戏队形、游戏路线、游戏接替方法等。

1. 游戏准备

教师在开展幼儿体育游戏活动之前，需要做好准备工作，主要包括对游戏所需要的场地器材、游戏分队方法以及队形的站位情况等进行提前准备。尤其是场地器材方面，要提前确定场地的规格、要求、线的画法以及安全距离，这些都应该用文字阐述清楚，最好能够配以适当的图片。对于器材的准备，应该对器材的名称、规格、数量以及摆放方法等进行详细说明。

2. 游戏开展形式

幼儿体育游戏的开展形式丰富多样，如接力、追逐、角力、摸索、掷准、比远、猜测、传递抛接等。教师在选择游戏开展形式时，应该根据游戏活动的目的、任务以及所选取的素材等来决定，以保证游戏形式的适宜性与针对性。例如，提高幼儿的奔跑速度，可以采用接力的形式进行游戏；提高幼儿的灵敏性，可以选用追逐的游戏形式；提高幼儿的上肢力量，可以选用角力游戏，也可以选择素质接力游戏等。

3. 游戏队形

游戏的队形通常包括横队、纵队、圆形、放射形、三角形、分散式以及其他一些队形。不同的队形适合不同类型的体育游戏。

①横队适合传递抛接类游戏，也适合集中注意力的队列游戏。面对面的两列横队通常用于角力游戏与攻防游戏中。

②纵队通常用于接力游戏、传递游戏中。

③圆形队形通常用于追逐类游戏与攻防类游戏中。

④放射形队形主要用于圆周形的游戏中。

⑤三角形队形通常适合球类游戏与三角对抗游戏。

⑥分散式队形一般适合追逐游戏与角力游戏。

4. 游戏路线

一般情况下，在开展接力游戏、集体竞快类游戏活动时，教师需要提前向幼儿讲清楚运动的路线。游戏路线通常包括穿梭式、来回式以及围绕式三种类型，具体阐述如下。

（1）穿梭式

其就是将同一队伍中的幼儿分成人数相等的两组，然后使两组幼儿按照一定的距离面对面站立。游戏开始后，每个幼儿都跑单程，然后接替后站在对面一组幼儿的后面。

（2）来回式

即每一个队伍中的幼儿站成一路，也可以根据需要站成几路。游戏开始时，每个幼儿跑双程，也就是每个幼儿跑到回转点后，迅速返回来，然后与后一名幼儿接替。

（3）围绕式

围绕式路线通常在接力类等游戏中出现，如圆形路线、三角形路线、方形路线等。游戏开始时，接力的幼儿围绕一定的图形跑完一周后与下一名幼儿接替。

5. 游戏接替方法

游戏的接替方法指在一些接力游戏、追逐类游戏中，当后一名幼儿与前一名幼儿接替时，其需要做出的动作以及应该把握的时机或信号。幼儿体育游戏的接替方法主要有交物法、接触法以及过线法三种，具体阐述如下。

（1）交物法

交物法就是两名幼儿进行接替时，需要以一定的物品为信号进行接替。例如，在接力游戏中，通常使用接力棒、手帕以及其他物品来进行接替。在具体的接替过程中，通常由前一名幼儿直接将物品交给接替人，有时候，也可以由前一名幼儿将物品交给队伍的最后一名幼儿，然后该幼儿将物品向前传给接替人，这样的传递方法能够防止后面的人抢跑。

（2）接触法

接触法就是前后两名幼儿在接替的过程中，以身体接触的方式进行接替，特别是在接力游戏中，通常以击掌的方式来进行接替；而在追逐类游戏中，两名幼儿拍打身体的任意一个部位就可以进行接替。

（3）过线法

过线法指当前一名幼儿返回并越过起跑线后，后一名幼儿才可以进行接替的方法。

（四）制定游戏的规则

科学明确的游戏规则一方面能够保证游戏活动的有序开展，另一方面也能够为游戏胜负结果的判定提供重要的依据。教师在制定幼儿体育游戏规则的过程中，应该注意以下几个方面。

1. 明确合理与犯规、成功与失败的界限

教师在对幼儿体育游戏进行创新、编排时，应该明确每一个游戏动作的做法，当一些动作的做法不同时，其难易程度也不同。因此，教师应该提前对每一个动作的不同做法进行反复琢磨与试验，并确定哪些做法是合理的，哪些做法是违规的，哪些做法可以使游戏成功，哪些做法会导致游戏失败。这些都需要在游戏规则中进行详细说明，以保证游戏活动的公平性。另外，也有一些动作的几种做法难易程度相差不大，因此，教师也可以不必对这些动作的合理性与不合理性进行过于明确的划分，可以鼓励幼儿在参加游戏活动的过程中发挥自己的想象力，主动寻找更加容易的做法，以赢得更多获胜的机会。

2. 明确对犯规者（或犯规队）的处理办法

在幼儿体育游戏活动中，当幼儿出现犯规行为时，教师通常可以采取以下几种方法进行处理。

①将犯规者在游戏活动中所取得的成绩视为无效。例如，在击打类游戏中，幼儿在击打目标时，如果击中了目标，但出现了犯规行为，那么该成绩可以视为无效。

②对犯规者或犯规的队伍进行扣分或者降级。例如，教师在一些采用计分方法定胜负的游戏中，可以对犯规者进行扣分，或者对犯规的队伍进行降级。

③将犯规队伍的名次列为最后一名。例如，在奔跑类、接力类游戏活动中，对于出现起跑犯规行为的队伍，教师可以将其名次列为最后一名。如果所有的队伍都在起跑时出现犯规行为，那么可以不评名次。

④取消犯规者的比赛资格。例如，在一些具有对抗性与竞争性的体育游戏活动中，对于一些犯规行为比较严重的参与者，教师可以取消其参加比赛的资格，进而削弱犯规队伍的实力。

3. 要有一定灵活性

在制定幼儿体育游戏的过程中，教师不需要将规则定得太死，可以保留其一定的灵活性，以使幼儿在参加游戏活动时，能够自由发挥自身的创造力与想象力。另外，规则的内容尽量做到精简准确，不必过于冗余复杂，一般有两三条条文即可。

（五）确定游戏的名称

确定游戏的名称就是给幼儿体育游戏命名，具体的命名方法主要有直接命名法与拟喻命名法两种。

1. 直接命名法

教师在对幼儿体育游戏进行直接命名时，可以根据游戏的内容、形式、内容与形式以及游戏的规则来命名。

①根据游戏的内容来直接命名。如"障碍赛跑"。

②根据游戏的形式来直接命名。如"迎面接力"。

③根据游戏的内容与形式来命名。如"跳绳跑接力"。

④根据游戏的规则来命名。如"成双不拍"。

2. 拟喻命名法

拟喻命名法指根据游戏的内容或形式用假设与虚构的方法来对游戏进行命名，该命名法主要用模拟与比喻的方法来为游戏赋予一定的情节，通常这样的游戏名称具有一定的趣味性或教育价值。如"推小车""黄河长江"等。

教师在为幼儿体育游戏命名时，还应注意以下几点。

①游戏的名称应尽量简单、简短。在命名时，教师应尽量不使用一些生僻、晦涩、深奥、难懂、难识、难记的字与词。名称的字数不宜过多，一般只需要2—6个字。

②游戏的名称要与实际相符。在为体育游戏命名时，教师应注意游戏名称要与游戏活动的实际特征相符。

③游戏的名称要与游戏内容、游戏形式相关。教师在使用拟喻命名法进行命名时，应该注意游戏名称与游戏内容、游戏形式的关联性，不要牵强附会。例如，教师可以将平衡木拟喻成"独木桥"，因为从形态结构上看，二者之间具有一定的相似性。但不能将呈直线排列的几块不彼此相连的纸板比喻成"独木桥"，因为二者在形态结构方面具有较大的差异性。另外，教师在确定游戏名称时，应该尽量避免使用带有贬义的词语或成语。

（六）提出游戏的教学建议

教师在确定体育游戏的名称之后，应该附上游戏的教学建议，具体如下所示。

①对游戏的适用范围进行说明，同时也可以对游戏场地、游戏器材等进行说明。

②在游戏中注明游戏活动可能出现的安全隐患以及其他方面的问题，同时还要提出相应的预防措施与处理方法。

③适当列出游戏的其他做法，并列出调整游戏难度、控制运动负荷量的具体方法。

④其他相关注意事项。

第三节　幼儿体育游戏创新的注意事项

一、幼儿体育游戏创新过程中的注意事项

（一）具有实效性

教师在对幼儿体育游戏进行创新设计与实施运用时，应该明确游戏目的，从多个方面进行综合考虑，注重每一个环节的科学性与合理性，从而保证整个游戏活动的实效性，否则，如果不注重其实效性，即使是时间很短的体育游戏，也会产生适得其反的效果。体育游戏不仅是锻炼幼儿身体的重要手段，而且是丰富幼儿体育活动的主要内容与形式。其能够激发幼儿的体育学习兴趣，能够增加幼儿体育练习的密度，同时能为下一次幼儿体育课程的开展提供重要的铺垫。例如，教师可以在一节课结尾部分引入球类游戏活动，虽然这看起来没有特别明显的作用，但能够为下一节球类课程的开展做好铺垫，同时教师也可以根据游戏活动的开展情况了解幼儿的相关情况，以便于更好地备课、组织教学活动。

（二）游戏安排要与整堂课相协调

游戏活动本身就具有很强的随意性，因此，教师在开展游戏活动时，应该控制好游戏的节奏，保证游戏安排与课堂教学相协调。一节课中所使用的器材应该尽量一致，以增加器材的使用率。例如，当上完跳箱课时，教师可以将跳箱作为障碍物来开展游戏活动，以尽可能地减少对器材的搬运，节省课堂时间。另外，游戏场地应该尽量与教材学习场地一致，避免来回更换场地，从而节省课堂时间。教师还应该合理分配游戏活动与教材学习的时间，尽量做到主次分明。教师在安排体育游戏活动时，应该注重科学性，从而真正促进学生身心素质的发展。

（三）加强游戏的趣味性

游戏之所以深受广大学生群体的欢迎和喜爱，其主要原因在于它具有较强的趣味性，因此，很多学生都喜欢上体育课。对于教师而言，其主要目的在于增强学生身体素质，但是对于幼儿而言，其主要目的是享受愉快的参与过程。因此，教师与幼儿在游戏目的方面具有不一致性。针对这一矛盾，教师应该注

重学生的想法，站在学生的角度考虑问题，尽量增加游戏的趣味性，赋予幼儿更多的自由，使幼儿在游戏活动中，能充分体验游戏活动所带来的美好体验。因此，教师在对幼儿体育游戏进行创新时，除了需要考虑竞争的公平性与运动损伤等因素外，还应该尽量增加游戏的趣味性，对于一些细节方面的问题，可以不必进行过多的限制与规定，而是应该充分尊重幼儿的个性发展，使幼儿在参加体育游戏时，能够尽情地发挥自己的想象力，从而真正实现寓教于乐的目的。

（四）融会贯通，灵活掌握

游戏不仅是一种教学手段，而且还是一种教材，因此，教师可以将游戏与其他教学结合起来。教师应该大胆地创新与尝试，通过灵活多样、富有趣味性的游戏来实现学生综合素质与能力的培养。例如，在技巧教材考核课程中，教师可以引入一个情景类游戏，选出几名动作技能水平较高的幼儿作为裁判，选择需要进行考核的幼儿作为运动员，而考核完的幼儿可以作为观众，为运动员鼓掌加油，而教师可以作为教练员，为学生提供适当的指导，如此就形成了热烈活跃、轻松愉快的课堂氛围。将游戏活动引入技巧教材考核课程中，有利于缓解学生的紧张情绪，能使学生以高涨的情绪投入考核中，从而充分发挥学生的潜力。

二、幼儿体育游戏运用过程中的注意事项

体育游戏是教师开展体育活动的一个重要手段，同时也是体育教学与运动训练的重要组成部分，对于促进学生身体素质发展、增强学生基本活动能力以及提高学生体育运动知识水平与技能水平等具有非常重要的作用。除此之外，体育游戏还能够有效促进学生心理素质的健康发展，能够培养学生强烈的规则意识、竞争意识与纪律意识，能够培养学生团结合作的集体主义精神，能够培养学生积极进取的学习态度，能够培养学生顽强勇敢的优良品质。因此，体育游戏在学校体育教学中会被广泛应用，特别是在幼儿体育教育中。教师在选择与运用体育游戏的过程中，应该注意以下几点。

（一）游戏的选择

教师应该根据教学计划有针对性地选择游戏，从而保证游戏活动能够有计划、有目的地开展。

①教师可以选择一些能够促进幼儿身体素质发展的游戏作为准备活动，如"拉网捞鱼"等。

②教师可以选择一些与基本教材相符的游戏作为辅助练习的手段，如"迎面接力跑"等。

③教师应该选择一些能够有效地完成教学训练任务的游戏，作为开展体育教学训练活动的手段。例如，要想有效地纠正学生用八字脚跑步的习惯，可以选用窄跑道的比赛游戏；要想有效地缓解学生的紧张情绪，可以选用一些具有转移性与诱导性的体育游戏等。

④教师应该尽量选择能够使学生集中注意力的体育游戏。

⑤教师可以选择一些能够调节学生情绪、帮助学生恢复体力的放松类体育游戏。

教师在选择体育游戏的过程中，除了需要考虑是否能够很好地完成教学与训练任务之外，还应该注重对学生体育学习兴趣的培养，注重学生良好意志品质的培养。另外，教师在开展体育游戏的过程中，还应该充分考虑幼儿的年龄、性别、身体素质、运动水平、接受能力、理解能力等情况，同时还应该考虑游戏活动的参与人数、所需场地与器材、游戏时间等方面的情况。教师在组织幼儿体育游戏的过程中，其组织方法应该尽量简单，以争取在短时间内使游戏活动有显著的效果。

（二）场地器材的准备

做好游戏场地与器材的准备工作，能够为游戏活动的顺利开展提供重要的物质保障。教师在选择游戏场地时，应该尽量与建筑物保持一定的距离，以免发生伤害事故。同时教师在为场地划线时，应该做到清晰鲜明。教师还应该根据游戏性质、游戏目的、游戏参与人数、幼儿运动水平以及现有的场地器材资源，合理规划场地的大小，正确选用器材的种类与数量等。教师也可以鼓励幼儿参与一些准备工作，如指导幼儿对场地进行提前规划或者自制游戏器材等。相关人员在摆放器材时，不能随意摆放，应尽量不妨碍游戏活动的开展。使用器材尤其是投掷器材时，教师应加强幼儿的安全教育，使幼儿在自己的统一指令下进行投掷与回收。

（三）游戏的讲解

①教师在对游戏进行讲解时，应该注意自身与幼儿的站立位置，尽量选择所有幼儿都能够听清和看清的位置。讲解内容要清晰简明，同时还应该注意不要让幼儿站在迎风或者面对阳光的位置上。

②教师在对游戏进行讲解时，应该按照一定的顺序进行，即按照游戏名称、

游戏场地、游戏队形与站位、游戏方法、游戏规则与要求以及游戏结果的顺序来进行讲解。

③其他方面的讲解要求。教师在对游戏进行讲解时，除了需要对游戏的方法、规则与要求进行讲解示范外，还应该对游戏动作的结构与要领进行讲解示范，以使幼儿能够更加正确地掌握游戏动作。另外，教师在讲解游戏内容时，还应该加强幼儿的思想政治教育与自然常识教育。

（四）引导人的选择与分队

幼儿体育游戏所开展的时间往往比较短，因此，教师在选择引导人以及进行分队时，应该尽量简单。

1. 常用的引导人选择方法

①由游戏参与者自己选出引导人。这样的选择方式有利有弊，虽然能够选出更加合适的引导人，提高游戏参与者的积极性，但是却需要花费较多的时间。

②由教师来选择引导人。虽然这样的选择方法能够大大节省时间，同时也能选出合适的引导人，但是却很容易影响游戏参与者的积极性与主动性。

③将上一场游戏的获胜者定为引导人。这样的选择方法能够使游戏获胜者获得充分的肯定与激励，同时也能激励其他学生在游戏中更好地表现。在体育游戏活动中，教师切忌将做引导人作为一种惩罚手段。

2. 常用的分队方法

（1）固定队分队方法

该方法指根据游戏参与者的体质健康状况对游戏者进行大致均等的分队，该方法比较简便。

（2）报数的分队方法

如果没有提前分好固定队，那么可以通过报数的方法对游戏者进行分队。虽然该方法简单快速，但是很容易出现各个队伍中游戏参与者实力水平不均等的现象。

（3）队长挑选人的分队方法

该分队方法适合参与人数较少的高年级竞赛性游戏。其优点在于能够保证每个队伍的实力水平均等，缺点是每一个队长都不愿意选择活动能力差的游戏者，这很容易打击游戏参与者的积极性与自信心，而且这样的分队方法也需要耗费较多的时间。所以，在采用这种方法进行分队时，队长可以先选出几个游戏者，然后将剩下的游戏者平均分配，这样可以避免打击活动能力较差的游戏者的积极性与自信心。

总而言之，教师在选择引导人、分队的过程中，应该根据游戏的性质、目的、时间、参与人数，游戏参与者的具体情况等进行。

（五）游戏的领导

体育游戏活动应该在教师所规定的信号下开始。在体育游戏活动的开展过程中，教师应该对幼儿的行为表现进行密切观察，并对游戏方法与游戏规则进行及时的补充与说明，从而保证游戏活动的顺利开展；另外，教师应该及时地对幼儿进行规则教育，使幼儿能够自觉遵守规则、尊重裁判、尊重对手，当出现违规行为时，应该根据不同情况采取不同的处理方法；教师应该对游戏的活动量进行密切的观察与及时的调整，当运动负荷量不足或者过大时，应该对游戏活动的难易程度、游戏比赛的次数、场地的大小进行适当的调整，同时也可以采用轮流活动的方式，也可以安排幼儿进行短时间的休息，可以利用幼儿的休息时间，对幼儿的规则执行情况进行评定，并要求幼儿自觉遵守规则、注意安全等。

（六）裁判员要认真严肃、公平公正

在体育游戏活动中，裁判员应该注意对幼儿的规则遵循情况进行认真且严肃的监督，对幼儿的游戏结果进行客观公正的评定，只有如此，才能保证游戏活动的有序开展，也才能充分发挥游戏活动的教育价值。幼儿体育游戏活动的裁判通常由教师担任，也可以由教师选出一名游戏者来担任。

（七）游戏的结束与总结

过早地结束或者延迟结束游戏，都不利于体育游戏效果的提升，因此，教师应该在规定的时间内，或者当游戏完成规定的次数之后结束游戏。除此之外，教师也可以选择在学生情绪高涨且又不太累的时候结束游戏，因为此时学生还感觉意犹未尽，同时期待下一次游戏的到来。在结束游戏之前，教师应该提前规定好游戏结束的时间。当游戏结束之后，教师应该对整个游戏活动的开展情况进行总结，并对游戏的结果进行评定，对游戏与游戏者的表现进行点评，对游戏队伍在遵守规则、对技术战术的运用、团队的协作情况等方面进行综合性评价。教师对在游戏中表现良好的幼儿或者队伍应进行表扬，对游戏中表现较差的幼儿，应指出其缺点，并给予更多的鼓励，尽量避免批评与指责，以帮助其克服缺点并树立自信心。

（八）其他相关注意事项

教师在体育游戏活动中，除了需要注意上述几点之外，还应该注意以下几个方面的问题。

1. 明确体育游戏的规则并自觉遵守规则

幼儿体育教师应该根据幼儿的具体情况，制定出简单易行、明确具体的游戏规则。应要求幼儿在游戏活动过程中严格遵循游戏规则，以培养幼儿强烈的纪律性与组织性，从而增强其责任感。

当幼儿难以很好地掌握体育游戏规则时，教师应该给予幼儿更多的鼓励，帮助幼儿增加自信心，使幼儿能够勇于面对困难、克服困难，在已有的规则条件下，运用集体的智慧与力量来赢得胜利，从而增加幼儿在体育游戏活动中的成就感。另外，在体育游戏中，教师应该注意避免一些粗暴行为的出现，对于这类现象，应该给予积极的引导，也可以通过一定的处罚措施，引导幼儿形成严格遵守规则的良好习惯。

2. 要善于掌握和调节运动量

在体育游戏活动中，教师应该对幼儿的行为表现、情绪状态、游戏秩序以及游戏次数等进行密切观察，并对幼儿的生理负荷量进行分析与判断。

（1）根据幼儿的表现，对游戏进行调整

①幼儿对体育游戏的兴趣度不高，注意力不集中，甚至感到厌倦，体育游戏的效果不好。

②幼儿出现脸色苍白、出汗过多、气喘吁吁、反应迟钝的现象。

③幼儿在游戏活动中，犯规的次数逐渐增多、动作放慢等。

在体育游戏活动中，当幼儿出现以上情况时，教师应该及时采取相应的措施，以对运动负荷量进行适当的调整。

（2）根据游戏特点及幼儿的实际情况，对游戏进行调整

①对游戏的规则、玩法等进行适当的修改，以增加或者降低游戏活动的紧张程度。

②对体育游戏的参与人数以及组数进行适当的增减。

③对体育游戏的场地大小进行适当的扩大或者减小。

④对体育游戏活动的时间以及间隔时间进行适当的延长或者缩短。

3. 加强游戏的安全教育

教师在幼儿体育游戏活动中，首先要做的就是保证游戏活动的安全性。幼儿在追逐、躲闪时，很容易跌倒、碰撞等。因此，教师应该根据体育游戏活动的形式与内容，以及幼儿的具体情况，提前对可能出现的安全隐患进行预估。与此同时，教师还应该加强幼儿的安全教育，并积极采取一定的预防措施，以尽可能地降低损伤事故的发生率。特别是在跑动游戏中，幼儿一定要按照规定

的方向与顺序进行，否则很容易出现安全事故。

4.加强组织纪律性教育

要想保证体育游戏教学课能够有序进行，教师应该加强学生的组织纪律性教育，因为良好的组织纪律性是保证体育游戏活动顺利开展的重要基础。

在具体的体育游戏教学中，体育教师要做到管而不死，治而不乱。作为幼儿，其应该严格遵守规定，自觉听从教师的指挥，认真服从裁判的判定，教师对于游戏活动中违反规则与纪律的个体应该给予适当的引导、鼓励与教育。

第三章　基本技巧类幼儿体育游戏实践

基本技巧类幼儿体育游戏主要包括队形队列、基本体操与运动技巧三方面的内容，这些内容都是在对动作进行科学理解的基础上，有目的地发展幼儿基本活动能力、促进幼儿身体素质水平的提高。在幼儿园体育游戏开展过程中，教师应引导幼儿准确、规范地掌握一些基本体操的动作，学会几种基本运动技巧，能在自主活动中独立做一些基本动作。另外，运动技巧所涉及的内容难于基本体操的动作，因此需要教师的指导和幼儿的反复练习。

第一节　幼儿队列队形

一、队列队形基本知识简介

（一）队列队形

幼儿的队列队形练习，有利于培养幼儿正确的身体姿势，有利于幼儿集体观念的形成，同时也有利于培养幼儿自觉听从指挥、遵守纪律的习惯。

（二）基本口令

在幼儿的队列队形练习中，基本口令主要有立正、稍息、向前看齐、原地踏步走、向左（右、后）转、便步走、齐步走、跑步走、左（右）转弯走、立定等。

（三）基本术语

列：左右并列成一条直线叫列，也可以叫作横队，是基本队形之一。

路：前后重叠形成一行叫路，也可以叫作纵队，也是基本队形之一。

排头：纵队第一人或者横队右侧的第一人称为排头。

排尾：纵队的最后一人或者横队左侧的第一人称为排尾。

预令：正式口令的前部分内容，主要是为了让听口令者能够集中注意力，为之后的动作做准备。

动令：正式口令的后部分内容，其主要目的在于使听口令者立即做出动作的内容。

例如，口令"向前看齐"中的"向前看"为预令，"齐"为动令。

（四）口令要求

在幼儿队形队列练习中，教师或者队长在喊出口令时，要注意以下几点要求。

①口令要做到清晰准确、洪亮果断，且要有一定的节奏。

②喊预令与动令时，适当拖长音调，以为幼儿集中注意力、做好准备提供足够的时间。

③喊口令时，要短促有力，声音要洪亮，同时也应该适当结合自己的肢体动作来辅助指挥。

（五）队列练习内容、口令和基本要求

表 3-1　队列练习内容、口令和基本要求

队列练习内容		口令	基本要求
原地队列练习	立正	"立正"	上体保持正直，双臂自然下垂并贴于身体的两侧，头要正，目视前方，双脚脚跟靠拢，脚尖稍分开
	稍息	"稍息"	左脚向左侧跨出半步，两脚左右开立，重心落在两腿之间，两手相握于背后
	看齐	"向前看——齐""两臂放下"	纵队排头幼儿身体不动，两臂成侧平举，后面幼儿两臂向前平举，掌心相对，双脚靠拢，目视前方，前后左右保持一定的间距 双臂放下时，要做到快速、利落，并贴于身体的两侧，身体保持直立
	原地踏步	"原地踏步——走"	以左脚为先，两脚在原地上下起落，上体保持正直，两臂向前后直臂摆动，目视前方
	向左（右、后）转	"向左（右、后）——转"	身体保持正直，向左、向右、向后转动；当听到口令后，幼儿回复口令"1、2"，并伴随着踏步动作进行转体

续表

队列练习内容		口令	基本要求
行进间队列练习	便步走	"便步——走"	自然行走，步伐不需要保持统一
	齐步走	"齐步——走"	上体正直，精神饱满，以左脚为先，整个队伍保持统一的步伐和均匀的节奏自然向前行进，同时两臂向前、向后自然摆动
	跑步走	"跑步——走"	听到预令后，幼儿两手握拳，屈肘于体侧，当听到动令后，向前踏步跑出，同时两臂向前、向后自然摆动
	向左(右)转弯走	"向左（右）转弯——走"	排头幼儿在某一指定地点开始向左或者向右沿着弧形线行进，后面的幼儿逐一跟随前进
	立定	"立——定"	当听到动令后，两拍后停下，成立正姿势，幼儿回复口令"1、2"

二、队列队形教法

（一）集合方法

1. 教案 1：快乐的音乐在叫我

建议：在开展体育游戏活动的过程中，教师可以用幼儿熟悉的歌曲来引导其集合在一起。在音乐的伴奏下，教师与幼儿可以一边唱歌，一边击掌，而幼儿以小跳步的形式迅速集中到教师身边，然后进行原地踏步。在此过程中，教师所选用的歌曲应该节奏欢快，内容简单易懂。

参考歌曲：《大家一起来》《向前冲》等。

2. 教案 2：拍拍手，跺跺脚，眼看老师整队好

建议：在开展体育游戏活动时，教师可以用一定的口诀再加上特定的各种身体动作，将幼儿集合在一起，以使幼儿能够迅速集中注意力，并保持安静。具体的开展方式，可以是由教师念口诀，幼儿来做相应的动作；可以是教师与幼儿一起配合，教师念一句，然后幼儿应一句，并且师生一起做一样的动作；也可以是教师与幼儿一起念口诀，一起做动作。

教师在选择口诀时，可以逐渐增加内容难度。该教学方法要求教师加强幼儿的常规性练习，同时对师生之间的默契度也有着较高的要求。

参考口令：

①一二三、静下来。

②一二三、三二一，一二三四五六七。

③幼儿们站一起，比比哪队最整齐。

④卧如弓、坐如钟、行如风、立如松。

⑤跑得快、跳得高、投得准、转个圈儿一样站得稳。

3. 教案3：老师讲故事了

建议：在正式开始幼儿体育游戏活动之前，教师可以告知身边的幼儿自己马上要讲故事了，然后让该幼儿向周围其他幼儿传达，以吸引所有的幼儿迅速集中到教师身边。然后教师根据本次活动的内容讲述相关的故事或者知识等，注意故事与知识要尽量精简有趣，从而更好地吸引幼儿迅速进入学习的状态。

例如，在开展 20 米往返跑练习活动之前，教师可以向幼儿讲述与"跑"相关的知识与故事，可以讲述世界短跑名将的小故事，也可以讲述奥运会的相关知识等，从而充分激发幼儿的兴趣。

4. 教案4：我是你的好朋友

建议：在开展幼儿体育游戏之前或者活动过程中，教师可以利用人物或者动物道具来吸引幼儿的注意力，通过道具形象来引导幼儿参加体育游戏活动或者进行集合。此方法多用于情节性的活动。

参考道具：皮影、手指玩偶、手玩偶、提线玩偶、一般性玩偶等。

5. 教案5：听我口令

建议：在正式开展幼儿体育游戏活动之前，教师要想将幼儿集合到一起，可以将有节奏的短句编成口令，并使幼儿之间或者排与排之间形成一定的竞争，以督促、激励幼儿迅速集合到一起，并保持整齐和安静。

参考口令：

①看前头，对对齐，左右两边不拥挤。

②比比赛，看一看，排排对齐静下来。

6. 教案6：跟着老师来跳舞

建议：教师可以组织幼儿伴随着音乐与自己一起跳舞，所跳的舞蹈既可以是统一的，也可以有自己随性发挥的。其主要目的是使幼儿在愉快的氛围下有节奏地集合在教师的身边。另外，教师在组织幼儿跳舞的过程中，应该注意舞蹈的节奏，并不断示意幼儿向自己聚合。

7. 教案7：我的位置在哪里

建议：教师在集合幼儿之前，可以根据自己所设想的队形，将圆形的彩纸、纸质小脚印以及各种卡通图片等材料粘到地面上，以对幼儿所要站立的队形进行预先确定。该教学方法能够快速使幼儿按照一定的队形集合。

另外，教师也可以将一些重量较大的塑料圆片或塑料圈按照一定的队形要求放在地面上，以提前对幼儿所站立的位置进行设定。该方法便于教师根据教学情况对各种队形进行随时调整，并使幼儿迅速确定自己的位置。

在上述方法中，教师也可以根据自己的教学需求，在这些材料上标注各种符号、图案、人名、数字、色彩等，并且在每个幼儿的身上粘上与材料相对应的内容，以使幼儿能够根据教师提供给自己的信号自主寻找地面材料中相应的内容，从而尽快确定自己的位置。

8. 教案 8：听一听，看一看

建议：在体育游戏过程中，教师除了可以通过传统的口哨、鼓掌、口令等传统的方式来对幼儿进行集合之外，还可以利用铃铛、手鼓、大鼓、响板以及竹筒等将幼儿集合到一起。具体来说，教师通过对各种道具进行有节奏的敲击、拍打，使幼儿迅速集合到自己的身边。

除了上述几种工具之外，教师也可以将彩旗、彩带以及自己固定的动作作为集合的信号。

该集合方法能够有效地培养幼儿通过听信号与看信号来迅速做出反应的能力。

（二）队列队形练习方法

1. 教案 1：请你站在我面前

建议：教师先在场地中央画一个圆圈，然后站在圆圈之内。此时幼儿随机站在圆圈之外的场地上，当教师发出集合的信号之后，幼儿开始迅速向教师靠拢，统一站在教师的前面，并站立于圆圈之外。然后教师可以随意更换自己的方向，然后继续组织幼儿像之前一样集合在自己的前面。如此反复。

①参考玩法 1：教师站在原地不动，可以向左、向右、向后转体，此时幼儿又开始迅速跑到教师的前面。

在此方法中，教师在圆圈内可以随便移动自己的位置，所移动的距离也不受限制，只要在圆圈之内即可。如果教师没有发出口令，那么幼儿就站在原地不动；待教师发出口令之后，幼儿再迅速集合到教师的前面。

②参考玩法 2：教师用口令与肢体语言来组织活动。当教师喊出"集合"的口令后，幼儿便快速来到教师身边；当教师喊出"解散"的口令后，幼儿便快速远离教师。如此反复进行练习。在此过程中，教师站于原地，可以不断改

变自己站的方位进行练习，也可以远离原有的位置进行练习。

该玩法注重师生之间的互动。在刚开始采用这一方法时，参加的幼儿人数不能太多，教师可以将幼儿分成若干个小组，然后组织幼儿进行分组练习，以免出现各种碰撞、跌倒的现象。

2. 教案 2：让你做啥就做啥

建议：教师站在场地的中央，幼儿可以随机站在场地的任一位置上，并与教师面对面。此时教师开始发出各种口令，而幼儿根据教师的口令完成相应的动作。该教学法对幼儿所站立的队形没有固定的要求，主要强调幼儿要根据教师的口令独自完成队列内容。

该教学方法能够有效提高教师对幼儿的控制能力。教师在喊出口令的同时，也可以配合相应的肢体动作，然后渐渐用肢体动作代替口令，从而逐步增强教师与幼儿之间的默契度。

（该活动的运动量相对较大，因此，教师应该根据实际情况适当调整活动的负荷量。）

参考口令：原地向上跳、转圈、不动、蹲下、起立、单脚站立、原地跑、立正、稍息、离开老师、回到老师身边等。

3. 教案 3：闭着眼做队列

建议：幼儿面对着教师按照体操队形，成两列横队站立。此时教师可以要求幼儿闭上眼睛，并按照自己的口令做动作。在具体的练习过程中，教师可以要求幼儿向左、向右、向后的方向进行转体练习，也可以要求幼儿向前、向后、向左、向右进行跨步练习。

（该方法需要在幼儿能够正确掌握前、后、左、右的方向的前提下进行。）

4. 教案 4：请你跟我这样做

建议：幼儿面对着教师按照体操队形，成两列横队站立。教师不发出口令，只做出特定的动作，而幼儿则跟着教师做相同的动作，然后教师可以慢慢调整动作的速度与难度，由慢到快，由简单到复杂。看看谁做得又快又准确。

教师在选择动作内容时，可以是模仿类动作，也可以是基本运动动作等。

（教师在做每一个动作时，都应该严格控制动作时间，最好不要太长。）

另外，教师也可以在此方法的基础上，适当改变游戏的规则。例如，可以要求幼儿做出与自身动作相反的动作，看谁反应更加迅速。在该方法中，教师所选用的动作内容难度不应该太大，并主要用于正面练习。

参考口令：大笑、不笑、假哭、小鸟飞行、握手、拥抱、两臂前平举、侧平举、上举、斜上举、下蹲、站起、举左手、举右手、左（右）脚独立、转圈、向上纵跳、原地跑步等。

5. 教案 5：小小竹竿长又长

建议：将竹竿作为幼儿进行队列练习的工具。其可以是一根竹竿，也可以是两根竹竿。

（1）一根竹竿的使用

①方法 1：全体幼儿成横队站立，并且每名幼儿手持一根竹竿放在自己的前面，然后保持统一的步伐向前行走，也可以一起向后退。

②方法 2：在方法 1 的基础上，将竹竿放在每个幼儿的手臂上，并要求幼儿双手持杆，排头（队尾）或者中间的幼儿位置不动，开始沿着顺时针或者逆时针的方向行走。

③方法 3：把幼儿分成甲乙两组，面对面站立，在两组中间放一根竹竿，每人双手在胸前握杆。甲组第一名幼儿站于竹竿的最顶端，面向乙组方向站立；乙组第一名幼儿站于甲组第一名幼儿的旁边，面向甲组站立；如此操作，两组面对面错位站好。甲组向前进时，乙组退；乙组向前进时，甲组退。

④方法 4：幼儿成一路纵队站立。竹竿穿过所有幼儿的胯下，每名幼儿双手抱握竹竿，一起向前进。

（2）两根竹竿的使用

①方法 1：全体幼儿站成一路纵队，每个幼儿双手各握住一根竹竿，并垂于身体两侧，然后集体按照统一的口令做出统一的动作，如向上举杆、侧平举杆等。

②方法 2：在方法 1 的基础上，全体幼儿将两根竹竿放在自己的手臂上，然后集体向前进行走步练习。

③方法 3：在方法 2 的基础上，将一根竹竿放在幼儿的手臂上，另一根竹竿放在幼儿的手中，然后集体进行行进间的摆臂练习。

④方法 4：全体幼儿双手分别持一根竹竿并垂于身体的两侧，然后两手臂进行行进间摆臂练习。

6. 教案 6：进一步，退一步

建议：幼儿成两列横队站立，并跟随教师的口令进行集体练习。

练习内容与方法：先向前进一步，然后并步；先向后退一步，然后并步；向左侧跨出一步，然后半蹲还原（也可以是起踵还原）；向右侧跨出一步，然后半蹲还原（也可以是起踵还原）。

教学过程：

①幼儿独自跟随教师进行练习。

②两名幼儿手牵手进行面对面练习。

③在音乐的伴奏下进行练习。

在此基础上，教师也可以组织幼儿进行交叉步练习，也可以进行转体练习等。所选择的音乐节奏可以由慢到快。

（此方法中，教师要注意对幼儿节奏的控制。该方法有利于幼儿协同能力的发展。）

7. 教案 7：跟着红旗走

建议：将幼儿分成若干个小组，然后每组幼儿成纵队站立。此时教师将彩旗分配给每列纵队的排头幼儿，然后要求幼儿根据统一的或者不同的路线前行。其他幼儿则要以纵队的形式跟着排头幼儿向前行走。在这一过程中，教师可以安排幼儿做走、跑、蹲或者停等动作。

8. 教案 8：猫和老鼠报数

建议：将幼儿分成人数相等的两组，并使两组幼儿成两列横队站立。每队排头的幼儿模仿猫的动作在原地跳转，并面向第二名幼儿，发出"喵"的叫声，第二名幼儿可以蹲下，也可以向前跳一步；第三名幼儿按照排头幼儿的动作进行，第四名幼儿则按照第二名幼儿的动作进行；如此反复，一直到最后一名幼儿。在该游戏中，教师也可以根据幼儿的不同体位，将幼儿迅速分成四列横队。

9. 教案 9：红灯停，绿灯行

建议：教师手拿一面红色旗子和一面绿色旗子，在终点位置站立，并与幼儿保持 15 米的距离。

使全体幼儿五人一组，平均分成若干列，成横队站立，每队相邻幼儿手拉手或者肩搭肩，集体向前行进。队与队之间要保持一定的距离。全体幼儿根据教师所发出的信号做出相应的动作。当教师举起绿旗时，幼儿集体向前行进，当教师举起红旗时，全体幼儿停下来。当全体幼儿到达终点位置时，看看哪一队最整齐。

教师在开展这类游戏活动时，可以逐渐增加每队的人数，进行反复练习。最终看看哪一组又快又整齐。

（此方法注重幼儿间协同走步的能力。）

10. 教案 10：蹲下来、站起来

建议：安排全体幼儿进行下蹲练习，可以以半蹲的或者全蹲的方式进行。

当幼儿半蹲时，要求幼儿两只手扶住两腿膝盖的位置，同时身体向前屈；当幼儿全蹲时，要求幼儿两脚并拢，并全身抱团。

幼儿根据教师不同的口令做出相应的动作。当教师发出"1"的口令时，幼儿开始做全蹲动作；当教师发出"2"的口令时，全体幼儿起立，并保持身体直立，然后开始做半蹲动作。按照此方法进行反复练习。

在幼儿刚开始练习由全蹲动作向半蹲动作转换时，教师可以要求幼儿自己选择跨出其中的一只脚。通过反复练习，教师可以要求全体幼儿根据自己的要求同时向同一个方向跨出同一只脚。

组织方法：既可以集体练习，也可以分组练习。

（此方法注重对幼儿的下肢进行练习，并强调对节奏进行把握。在练习的过程中，师生要做到动作同步统一。）

11. 教案 11：苹果、菠萝

建议：

①方法 1：教师组织幼儿手牵手围成一个圆，完成后，分成左右两人手牵手，并明确两名手牵手的幼儿站于左侧的一人充当苹果，站于右侧的一人充当菠萝。游戏开始，当教师发出指令"苹果变"时，充当苹果的幼儿快速跑到充当菠萝的幼儿的右侧，并把手牵起来；反之，当教师发出指令"菠萝变"时，充当菠萝的幼儿跑到充当苹果的幼儿的另一侧，并手牵手。最后看看哪一组完成得最好。

②方法 2：教师组织幼儿手牵手围成一个圆，完成后，分成左右两人手牵手，手牵手的幼儿再变成前后站立，前面幼儿充当苹果，后面幼儿充当菠萝，后面幼儿双手搭于前面幼儿的肩上。如方法 1 的方式，教师发出口令，此时，形成前后跑动。喊"菠萝变"时，后面幼儿跑至充当苹果的幼儿的前面，充当苹果的幼儿快速双手搭在充当菠萝的幼儿的肩上。若第一次发出的口令是"苹果变"时，那么充当苹果的幼儿则跑到充当菠萝的幼儿的身后。

③方法 3：在方法 1 或方法 2 的基础上，教师发出指令"苹果自由变"，此时充当苹果的幼儿可以在圆内找其他任何一个充当菠萝的幼儿，并牵起手来。

第二节 幼儿基本体操

一、幼儿基本体操的概念

幼儿基本体操，旨在在集体活动中通过规范的身体动作，促进幼儿各运动关节有目的地活动，是激发幼儿身体活力、锻炼其身体素质、增强其体质的重要手段。

二、幼儿基本体操的类型

幼儿基本体操主要包括徒手体操和器械体操两种类型。

（一）徒手体操

幼儿徒手体操包括一般性徒手操、模仿操、拍手操、韵律操、武术操、有氧健美操等。

建议：不同的体操类型，核心价值不同，将各种体操类型进行合理搭配。幼儿基本体操一般以模仿操为主。

（二）器械体操

幼儿器械体操具体可分为轻器械操和辅助器械操。

幼儿轻器械操中所用的器械主要有常规器械和自制器械。轻器械操内容十分丰富，动作形式变化多样，常见的幼儿轻器械操有球操、响筒操、纸筒操、哑铃操、竹板操、霸王鞭、手铃操、健身操、红旗操、筷子操、铃鼓操、草帽操、圈操、绳操、扇子操、易拉罐操、棍棒操、花操等。

常见的辅助器械操有椅子操、垫子操、皮筋操、踏板操、轮胎操、竹竿操等。

建议：了解不同材料的性质，思考材料的形象化概念，了解多种不同体操的动作表现及其价值。

三、基本体操的创编

（一）幼儿体操创编的步骤与方法

1. 体操创编前的准备工作

（1）明确创编的任务和要求

教师应该根据教学目的与教学任务来合理选择体操。比如说，作为准备活动的体操，其动作应该尽量简单，并且能够对幼儿身体的各个关节与肌肉进行充分锻炼；作为表演的体操，其队形变化应该丰富多样，并且还应该具有较强的表演性等。

（2）深入了解幼儿的状况

在选择、创编、运用幼儿体操的过程中，教师应该对幼儿的性别、年龄、兴趣爱好、身体素质、运动水平等进行全面了解，并以此为依据来合理选择体操内容。

2. 幼儿体操的创编流程

具体内容如图 3-1 所示。

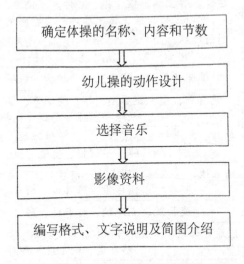

图 3-1　幼儿体操的创编流程

（1）确定体操的名称、内容和节数

对体操的名称、整套体操操节的数量、每一小节操的名称、操节的节拍以及体操动作的节奏与变化进行确定。

操节的名称，应该能充分反映体操的特征，并且还要对操节动作所调动的

51

主要身体部位和次要身体部位进行确定，同时还要确定每一操节动作所调动的肌肉群以及这些肌肉群的工作性质，以充分反映该操节的性质。例如，对腹部肌肉与背部肌肉进行交替锻炼的动作，可以称为"腹背运动"，从而便于幼儿根据操节的名称做出相应的动作。模仿操类的动作可以通过对各种动作的模仿与比拟来进行创编，比如说，可以借鉴游泳运动、跳绳运动、滑冰运动中的各种动作来对模仿操的动作进行创编。

（2）设计和选编每一节操的动作

教师应该根据教学目的、教学任务以及编操的一般规律，从多个角度对每一节操的动作进行设计与选编（见表3-2）。

表 3-2　幼儿体操的具体动作设计

运动部位	动作类别	动作形式与方向
头部运动	屈	前屈（低头）、后屈（抬头）、侧屈（左、右屈）
	转	向左、右转头
	绕环	向左、右绕环
上肢运动	臂的举、摆、屈伸	臂前举、摆、振、屈伸。臂后举、摆、振（结合其他动作）、屈伸。臂上举、摆、振、屈伸。臂侧举、摆、振、屈伸。臂斜上举、摆、振、屈伸。两臂同侧举、摆、振等
	臂绕环	向前绕环、向后绕环、向内绕环、向外绕环、同侧绕环、"8"字绕环、前臂绕环、小绕环、轮流绕环等
	臂侧开	前举侧开扩胸、前平屈侧开扩胸、前举交叉侧开扩胸等
下肢运动	腿的举、摆	腿前举、摆，腿后举、摆，腿侧举、摆，腿向异侧举、摆，屈膝举、摆，踢腿（高摆腿）
	腿屈伸	起踵、半蹲起立、深蹲起立，单腿蹲起、前压腿、后压腿、侧压腿、半劈腿、劈腿（纵、横）
	腿移动	前点地、后点地、侧点地、前后开立、左右开立、前弓步、侧弓步、后弓步、斜弓步
跳远运动	单脚跳	交换跳、点地跳、转身跳、移动跳、踢腿跳
	双脚跳	前后开合跳、左右开合跳、前后交换跳、左右交叉跳、转身跳、移动跳、向上跳、蹲跳
躯干运动	上体屈伸	体前屈、体后屈、上体左侧屈、上体右侧屈、俯卧体前屈等
	体转	身体向左转、向右转
	体绕环	上体向左绕环、向右绕环
	体倾倒	身体向前倒、向后倒、向侧倒；俯撑、仰撑、侧撑；直角做平衡、俯平衡（燕式平衡）、侧平衡等

续表

运动部位	动作类别	动作形式与方向
组合与变化	身体各部位动作	身体各部位动作的结合；各类的作的结合；不同方向的结合；动作的节拍、速度、次数、开始姿势的变化，以及人数、队形的变化等

教师在对体操动作进行设计与选编时，应该注意以下两个方面。

一是要保证身体的各个部位动作能够彼此协调与配合。人体的任何一项身体活动都是由各个肌肉群的活动共同实现的，当对身体的某一个部位进行主要锻炼时，其他身体部位也会进行相应的配合，以维持身体的稳定。例如，在进行头部运动时，身体其他各个部位会进行相应的配合。在伸展运动中，其通过与抬头动作的配合，能够增加背部肌肉的紧张度，从而更好地舒展胸部。通常情况下，上肢动作可以与下肢动作以及躯干动作进行配合，如此一来，就可以有效地增加身体动作的运动幅度，增强肢体动作的协调性，从而增强运动效果。在跳远运动中，两臂上摆拍掌等动作可以与之配合，从而增加人体腾空跳跃的高度；下肢承担着支撑人体各项身体活动的重要任务，因此，在进行下肢运动时，应该注重双腿与其他身体部位的协调配合。特别是在体转运动和躯干绕环运动中，要注意使两腿开立，将重心落在两腿之间，以保持身体的平衡性。

二是要注意节拍的连续性。例如，在四四拍动作中，第一拍要为第二拍中的身体姿势做好充分的准备，第二拍和第三拍的动作，要能够充分体现该节体操的运动特征，在第四拍中，要使身体还原成刚开始的姿势。

（3）合理安排体操编排顺序

幼儿基本体操的动作主要包括由上到下的各个关节运动，主要有头颈部关节运动、上肢关节运动、胸部与腰部动作以及下肢各个关节运动。教师在对幼儿基本体操动作进行创编时，一般按照以下顺序进行：头部运动、上肢运动、扩胸运动、下肢运动、腰部运动、全身运动、跳跃运动与整理运动等。值得一提的是，上肢运动具体包括伸展运动和四肢运动等；腰部运动具体包括体转运动、体侧运动、腹背运动以及体绕环运动等；下肢运动具体包括踢腿运动、下蹲运动、弓步运动等。

（4）选择音乐

教师应该根据体操的类型与体操的节数等，合理选择与幼儿特征相符或者节奏欢快、明显的律动音乐，也可以根据所选音乐的长短来对操节动作进行适当的删减与补充，也可以根据操节动作的数量对音乐进行适当截取。

（5）影像资料

教师应该充分运用多媒体手段，将已经配好音乐的整套体操动作进行录像，并制成视频资料，以防止创编出体操之后忘记原体操动作。

（6）编写格式、文字说明及简图介绍

完成上述步骤后，教师应该插入适当的文字说明，也可以搭配适当的简图或者照片来进行辅助说明。在对文字说明进行编写时应该注意以下几点要求。

①全套操的名称。如"拍手操""花操""红旗操""棍棒操"等。

②节数。如"第一节""第二节""第三节"等。

③动作名称。为每一节操的动作命名，通常根据动作对身体的作用来命名，如伸展运动，也可以根据动作的部位进行命名，如上肢运动，同时也可以根据儿歌的内容对动作进行命名。

④预备姿势。如"直立""立正"。

⑤做操的拍数。如每节做两个八拍（2×8拍）。

⑥开始姿势。如立正、直立、两脚开立等。

⑦动作部位。如上肢、下肢、躯干等。

⑧动作方向。如向前、向后、向左、向右、向内、向外等。

⑨动作方法。如举、踢、绕、绕环、体前（后、侧）屈等。

⑩结束姿势。还原成立正姿势。

（二）幼儿体操创编能力的构成因素

幼儿体操的创编能力由多种因素构成，主要包括以下几点：一是创编者需要具备良好的协调性与动作节奏感，同时还需要掌握丰富多样的幼儿体操动作素材，这些都为创编者创编幼儿体操动作奠定了重要的基础；二是创编者需要有扎实专业的幼儿体操创编理论，这能够为创编者的创编工作提供重要的理论依据，同时也是创编者创编能力提升的重要基础；三是创编者需要进行创编实践，这是创编者形成创编能力的关键要素；四是创编者需要有较强的动作创新思维能力与动作再加工能力，这些能力是构成体操创编能力的核心要素；五是创编者需要具备正确选择与运用音乐的能力，这是构成创编能力的辅助因素。总的来讲，幼儿体操创编能力的构成因素如图3-2所示。

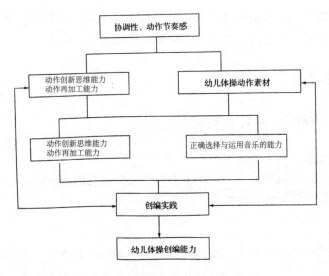

图 3-2　体操创编能力的构成因素

（三）幼儿体操创编注意事项

①教师在对幼儿体操进行创编排时，应该充分尊重幼儿的个性需求与兴趣爱好，尽量不要强行加入很多的成人因素，以充分发挥体操运动在促进幼儿发展方面的重要作用。

②教师在创编体操动作时，应该尽量保证动作的丰富性、多样性、新颖性与趣味性，要有动有静，且动作速度要适宜，以保证动作的可控性。

③在完成体操动作的创编后，教师还应该对体操动作进行体验，以检验体操动作是否合理完善，积极找出其中存在的问题，尤其要从体操动作的运动量、组合顺序、音乐选择等方面出发，并对其中存在的不足进行完善。

第三节　幼儿运动技巧

一、幼儿运动技巧的基本内容与发展价值

运动技巧的内容十分广泛。幼儿运动技巧的动作主要包括翻滚动作、举腿动作、旋转动作、身体平衡动作以及各个简单动作的组合动作等。对幼儿各个身体姿势的练习，不仅能让幼儿学会各种有趣的动作技巧，而且能促进幼儿良

好身体姿势的养成，促进其身体各部位肌肉力量的均衡发展，使之对自身能够进行有效的控制。这也是让幼儿获得更多自我练习的重要手段。

二、基本运动技巧游戏

（一）游戏1：身体转转转

1. 目标

①通过以身体旋转为主的游戏来锻炼幼儿保持身体平衡的能力。

②锻炼幼儿彼此协作的能力。

2. 玩法

在教师的组织与要求下，幼儿成两列平行的横队站立，且两队面对面并相隔一米左右的距离，同时每一队幼儿的左右也要保持一定的距离，教师在两个队伍中间的排头位置站立。

第一步游戏：大陀螺。游戏开始，队列中的每个幼儿先举起自己的任意一只手，教师从排头的幼儿开始，双手分别握住两个队伍中幼儿举起的那一只手，然后带动幼儿在原地进行旋转，最好是一圈，对于后面的幼儿依次按照上述方法进行，直到让每一名幼儿都旋转了一圈。

第二步游戏：要求幼儿服从教师的口令。一是要求幼儿按顺时针的方向旋转一周，二是让幼儿按逆时针的方向旋转一周。然后逐渐增加幼儿旋转的次数。

第三步游戏：每名幼儿手执一根系有彩带的短木棍，通过身体的旋转，使彩带飞舞起来，在旋转的过程中，不断调节手臂的高低。教师根据幼儿的能力，可以使用不同长短的彩带。

第四步游戏：画圈。每个幼儿蹲于原地，用小木棒或粉笔，原地画一个圈，看谁画得圆。

第五步游戏：两人翻转。如图3-3所示，两队对应的两个幼儿面对面站立，双手互牵，翻转时两人同时向同一方向翻转一圈，或者连续翻转。

图 3-3

3. 规则

①幼儿在进行上述游戏时，应该注意身体的重心位置，以更好地保持身体的平衡。

②幼儿在原地做该游戏即可。

③在第三、四、五步游戏中，教师可安排幼儿自由散开，注意不要相互影响或发生碰撞。

4. 建议

①在做身体旋转练习时，教师应准确评估幼儿的运动能力，同时还应该对游戏的次数及其间隔的时间进行控制，以保证游戏的负荷量能够与幼儿的身心状况相符，从而更好地引导幼儿进行挑战性练习。

②幼儿在做身体旋转练习时，练习时间不宜过长，且不适宜连续操作，中间需要间隔一定的时间。教师可以将幼儿分成若干个小组，使各个小组进行轮流练习。

（二）游戏 2：你能站多久

1. 目标

发展幼儿下肢力量与平衡力量。

2. 准备

若干个小塑料圈。

3 玩法

教师将幼儿分成人数相等的两组，要求其成两列横队排列，要求两队的幼儿面面相对，并将两只手臂搭在对方的肩膀上，同时每一队幼儿的左右也要保持一定的距离。

第一步游戏：教师要求其中一个队伍的幼儿将一条腿向前（或者向后）抬起并用力绷直，与其搭肩的幼儿则为其提供一定的帮助，以保证幼儿能够维持身体平衡。像这样保持一定的时间后，两人开始互换角色。等到进行下一轮练习时，教师可以要求幼儿换另一条腿进行练习。

第二步游戏：教师要求两个队列中对应的幼儿同时抬起一条腿进行练习，最后看哪一对幼儿坚持的时间最长。

第三步游戏：教师要求两个队列中对应的幼儿之间保持一定的距离，其中一名队伍中的幼儿用脚钩住一个小塑料圈，然后慢慢将脚抬到一定的高度并递给对方幼儿，另一名幼儿也以同样的动作，用脚将小塑料圈接过来。反复进行练习。在这一过程中，教师可以要求幼儿左右脚交替进行。

4. 建议

①对于幼儿而言，单脚站立的动作有一定的挑战性，因此，教师可以借助其他支撑物来辅助幼儿练习。也可以在刚开始时组织多人合作支撑练习，然后再组织两人相互支撑练习，最后组织个人单独单脚支撑练习。

②由于单脚支撑练习的游戏具有一定的静态性特征，因此，教师应该合理掌握练习的时间。

③单脚独立支撑的游戏方法多种多样，教师在选择游戏方法时，应该注意要由易到难。

④在第三步游戏中，教师也可以进行分组对抗游戏，以进一步增加游戏的挑战性。

（三）游戏3：手脚一起来

1. 目标

发展幼儿身体各个部位的力量，提升幼儿对身体进行控制的能力。

2. 玩法

在教师的组织与要求下，幼儿之间彼此间隔一定的距离，并自由站在场地上。

第一步游戏：在教师的口令下，全体幼儿先蹲下，然后两只手在自己的前面支撑地面，并保持不动，随后两只脚依次向后退，使身体慢慢地伸直。当幼儿的身体完全伸直时，教师再要求幼儿将两只脚依次慢慢地向前移动，最终恢复刚开始的姿势。双脚向前或向后移动，可以采用双脚并跳的方式进行。教师可以要求幼儿用最少的跳跃步数跳向双手，或使身体伸展开。

第二步游戏：在教师的口令下，全体幼儿先蹲下，然后两只手在自己的前面支撑地面，两只脚保持不动，随后两只手不断地向前爬，直到身体完全伸直，与第一步游戏中的动作相同，双脚跳向双手方向，直至成全蹲，双手再向后爬行，如此反复不断向前移动身体。

第三步游戏：双手支撑地面，身体完全伸直，在练习过程中，躯干与腿保持原有姿态，用双手不断向前爬行。

第四步游戏：双手支撑地面，身体完全伸直，在练习过程中，躯干与腿保持原有姿态，双脚脚尖着地为轴，双手交叉移动，使整个身体围绕着脚尖成圆形运动。

第五步游戏：动作准备同第四步，此时双手为轴，双脚带动身体，围绕着双手支撑成并步圆形。

第六步游戏：教师要求幼儿面向地面，四肢着地，身体成倒"V"型支撑，任意抬起一只脚或一只手，用另外三个肢体支撑地面，看看谁支撑得好。教师不断变换要求。

第七步游戏：幼儿坐于地面，双手支撑体后不动。双脚不断向前移动，使身体仰卧，看看谁能让自己的身体变得最直。

第八步游戏：如图 3-4 所示，幼儿进行单脚单手支撑游戏。教师先要求幼儿蹲在地面上，然后将一只手支撑在自己体侧的地面上，此时另一只手臂向身体一侧平举，并保持身体的平衡，然后两只脚依次向外侧移动，使双腿最大限度地伸展，当双腿完全伸直时，两只脚开始并拢，最终形成一只手支撑、一只脚的外侧着地的单手单脚支撑地面的动作。

图 3-4

3. 建议

①在该游戏中，对手脚的同步练习，有利于幼儿身体各部分力量的发展。

②教师可以创新更多的方法进行手脚支撑练习。例如，在第一、二、三、四、五步游戏中，当幼儿完成支撑动作之后，教师可以要求幼儿做向下踏腰的动作，也可以做向上挺腰的动作，如此可帮助幼儿进行腰部及肩部的放松。

③教师可以将上述各种游戏的方法进行组合，可以要求幼儿先做俯卧支撑的动作，然后做单手单脚支撑的动作，最好做仰卧支撑的动作。

（四）游戏 4：七十二变

1. 目标

发展幼儿对自我身体的控制能力，培养幼儿合作的能力。

2. 玩法

第一步游戏：在教师的组织与要求下，幼儿围成一个圆圈，此时教师任意选出几名幼儿使之进入圆圈，然后用身体动作拼出文字、数字、字母等图案。然后再组织其他幼儿跟着一起做。例如，可以拼出"天""中""大"、"1""2"、"C""F""D"等图案，最后比较哪一组幼儿做得最好。

第二步游戏：教师将幼儿按照四人一组划分成若干个小组，要求每一组内的幼儿通过两人间、三人间或者四人间的自由组合，来拼出各种数字、文字、字母等图案。其既可以站着组合，也可以躺着组合。同时将组合出来的图案进行展示。如"小""不""又""木"、"3""4""8"、"B""D""E""W"等。如图 3-5 所示。

图 3-5

第三步游戏：与第二步游戏的组织方法相似，教师可以要求幼儿按照其他物品或者图形的形状进行自由组合，例如，可以按照"三角形""圆形""圆桶"等图案进行组合。

3. 规则

上述各种游戏方法中所模仿的物品应该是静止的，且模仿时间不能太长。

4. 建议：

①在第一步游戏中，教师可以要求幼儿按照一定的顺序来对图案进行模仿。例如，可以先要求幼儿对字母进行模仿，然后再对数字进行模仿，最后对汉字进行模仿。这些方法有利于幼儿定向思维的培养，同时也有利于游戏的有序开展。

②在第三步游戏中，教师可以引导并鼓励幼儿对各种立体物品进行模仿。

③在一些复杂的图案模仿中，其需要较多的幼儿参加，此时教师可以为幼儿提供一定的提示或者示范，也可以将这部分内容安排在课后，让幼儿利用课下时间进行研究，之后再进行集体表演。

（四）游戏 5：划小船

1. 目标

发展幼儿腹背的柔韧素质，并培养幼儿的合作能力。

2. 玩法

教师将幼儿分成人数相等的两组，要求其成两列横队排列，两队幼儿面对面站立，并且每一队幼儿的左右也要间隔一定的距离。

第一步游戏：听从教师口令，面对面的两名幼儿两脚左右开立，双手相互搭于对方的肩上，手臂伸直，两人同时身体前屈，下肢伸直，使躯干和下肢成

90°有节奏地使上体向下振动。

第二步游戏：按照上述方法组织幼儿坐在地面上，将两腿伸直并拢，对面两名幼儿的脚底相抵并放在地面上，听从教师的口令，"摸摸你的膝关节""摸摸你的踝关节""摸摸你的小脚丫"。按照这一方法反复练习。在该练习中，教师应要求幼儿尽量不要弯曲双腿。

第三步游戏：听从教师的要求，幼儿坐于地面，面对面的幼儿两手相互牵起，双膝屈于体前，两人的两脚尖相抵，手臂伸直。在做游戏时，一人拉着对方的手，身体重心向后倒，另一人随着拉力，重心向前移，如此反复，一人拉，一人进。

第四步游戏：教师要求幼儿伸直双腿，两腿左右分开，伸直平放于地面。双臂如第三步游戏方法进行拉动。教师要求不断增大拉动的幅度。

3. 规则

在进行两人练习时，幼儿应该尽量把握好自己的力度，不能过于猛烈地向后拉。其动作幅度应该由小到大。

4. 建议

①在第一步游戏中，教师既可以组织幼儿开展正面的柔韧性练习，也可以要求幼儿将两只手臂放在身体的同一侧，然后相互拉动，以发展幼儿的体侧柔韧性。

②在该游戏中，因为强调发展幼儿腰部的柔韧性，因此，在进行两人练习时，教师应该为幼儿提供更多的口令与示范，以帮助幼儿合理把握练习的幅度。

（六）游戏6：灵活的双腿

1. 目标

发展幼儿的下肢力量、腹部力量，同时培养幼儿的协调能力。

2. 玩法

教师将幼儿分成人数相等的两组，要求其成两列横队排列，两队幼儿面对面站立，并且每一队幼儿的左右也要间隔一定的距离。

第一步游戏：全体幼儿坐在地面上，将两腿向前伸直并拢，双手放在体后，并支撑在地面上。然后听从教师口令，当教师发出"分"的口令时，幼儿迅速左右分开双腿；当教师发出"合"的口令时，幼儿迅速向里合并双腿。

第二步游戏：全体幼儿平躺在地面上，双腿向前伸直并拢，双手放于身体两侧的地面上。然后听从教师口令，当教师发出"合"的口令时，幼儿开始迅速将双腿抬起，并收腹，然后尽可能地靠近自己的头部；当教师发出"开"的口令时，幼儿迅速恢复到原来的动作。

第三步游戏：刚开始，幼儿如图 3-6 所示坐在地面上，双腿向前屈，双手放于体后，并支撑在地面上。此时幼儿开始迅速向上抬起臀部，并抬起一条腿向上踢出，然后迅速恢复到原来的姿势，接下来换另一条腿按照上述方法进行练习。教师要求幼儿按照这一方法进行反复练习。

图 3-6

第四步游戏：全体幼儿平躺在地面上，双腿向前伸直并拢，双手放在身体两侧，并支撑在地面上。然后听从教师口令，当教师发出"1"的口令时，幼儿将并拢的双腿向上抬起，并在空中写出一个"1"的数字；当教师发出"2"的口令时，幼儿在空中用双腿写出一个"2"的数字。如此类推，教师组织幼儿进行反复练习。

3. 建议

在第三步和第四步游戏中，如果幼儿存在一定的困难，那么教师可以先组织幼儿平躺在地面上对双腿进行练习，由于这两个游戏对幼儿大腿的力量有着较高的要求，因此，教师应该合理把握练习的时间。

（七）游戏 7：灵活的双脚

1. 目标：

①发展幼儿的腹背部力量与下肢力量，增强幼儿双脚的灵活性。

②培养幼儿的合作能力。

2. 准备

若干个易拉罐与小皮球。

3. 玩法

游戏方法一：如图 3-7 所示，教师先将全体幼儿分成人数相等的两组，并要求幼儿站在起跑线上，然后在终点位置的地面上画出与两组相对应的两个圆圈，然后在圆圈的线上放置与两组人数相等的易拉罐，并要求在开展游戏之前，将所有的易拉罐平放在地面上。游戏开始，当教师发出口令后，每组排头的幼儿迅速向终点位置跑去，然后在圆圈之外的地面上坐着，并用两只脚使其中一个平放的易拉罐直立起来。当完成这一任务后，迅速跑回起点，然后其他幼儿按照上述方法依次进行。如此反复，最后看哪一组幼儿做得又快又好。

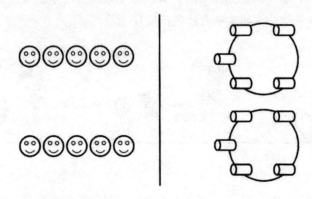

图 3-7

游戏方法二：教师将幼儿分成人数相等的两组，然后使幼儿面对着教师，成两列纵队坐在地面上。并且向每一组排头幼儿分发一只小皮球。游戏开始，如图 3-8 所示，排头幼儿双手放在体后，并支撑在地面上，同时用双脚将小皮球夹住，然后向上举起双腿，将小皮球递给第二名幼儿。第二名幼儿按照排头幼儿的方法，将球传给身后第三名幼儿。如此反复，最后看哪一组最先完成。

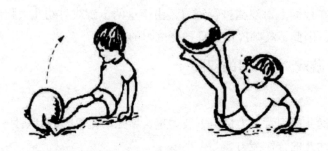

图 3-8

4. 规则

①在游戏方法一中，如果后面的幼儿在用脚将易拉罐立起时，无意间碰到前面幼儿所立起的易拉罐，那么其可以直接用手将易拉罐扶起。

②在游戏方法二中，如果球掉在地上，那么幼儿必须亲自去将球捡回，然后继续游戏。

5. 建议

①通过双脚来开展的游戏，能够有效发展幼儿的腿部力量与腹背部力量。该类游戏既可以集体进行，也可以由个人单独进行。

②在游戏方法二中，用双腿夹住球向身后传递的游戏方法，也可以在两名幼儿间进行。

第四章　基本动作发展类体育游戏实践

基本动作是在人们的日常生活与生产劳动中形成的，对于提高个人身体素质具有重要作用。在幼儿体育教育中，基本动作发展类游戏是其一个非常重要的组成部分，其主要有走、跑与跳类游戏，投掷类游戏，以及攀、钻、爬类游戏等。开展体育游戏活动，能够有效地促进幼儿基本动作的发展。幼儿基本动作的发展主要受遗传与环境教育两大因素的影响。其中，遗传因素是发展幼儿基本动作的重要基础；而环境教育因素则能够对幼儿基本动作的发展起到很大的促进作用，特别是体育游戏，更能有效地促进幼儿基本动作的发展。本章主要选取走、跑与跳类游戏，投掷类游戏与攀、钻、爬类游戏，来对幼儿基本动作进行探讨。

第一节　走、跑与跳类游戏

一、走步教育

（一）走步教育基本知识

走步，也可以叫作行走，是人体在进行位置移动时所运用的最基本、最自然、最容易的运动方式，幼儿时期是幼儿走步能力发展与身体姿势形成的重要时期。加强幼儿时期的走步教育，同样能够有效促进幼儿身体素质的发展。具体而言，幼儿经常进行走步锻炼，能够使其下肢部位的肌肉、关节、骨骼与韧带得到很好的锻炼，从而有效地促进其下肢力量、身体平衡能力与协调能力的发展。同时，走步运动也是一种以有氧代谢为主的项目，故其与幼儿的身心发展需求非常吻合。

幼儿进行走步练习的方式非常多，既包括走步基本动作的运用，也包括走步基本动作技能的运用。在幼儿体育游戏活动中，其既可以被当作热身活动的内容，也可以成为体育游戏中的主要练习内容。

1. 目标

①使幼儿在正确掌握自然走步姿势的前提下，逐步增加其走步的频率与幅度，使其在走路的过程中，能够做到大步且均匀地走，同时落地时也能很好地控制自己的力度，并且能够自然摆臂，节奏稳定。

②使幼儿在正确掌握走步基本动作及其技能的条件下，进一步丰富幼儿走步的内容，增加其走步难度，充分运用多样化的走步运动方式，来促进幼儿下肢力量、身体灵敏性与协调性及其方位感的培养。

③使幼儿掌握几种走步运动方式以及以走步为主的游戏活动，以使其能够独立完成走步游戏。

④逐步提升幼儿协同走的能力，培养幼儿的规则意识、纪律意识与社会意识。

2. 走步的特点和基本要求

①在进行走步运动时，要保持上体正直，身体放松，动作自然。在走步过程中，要做到肌肉收放自如，张弛有度。肌肉收缩是其在消耗能量，肌肉放松是其在恢复活力。保持肌肉的一张一弛，才能够持续保持肌肉的活力。

②在进行走步运动时，节奏要合理且稳定。步伐幅度过大或过小，步伐频率过快或者忽快忽慢，都很容易使身体疲劳。

③在进行走步运动时，要使其与生物力学原理相符。应该尽可能地减少身体重心的起伏与摇摆。

④在进行走步运动时，应该配合自然的摆臂动作，这样既能使身体保持平衡，也能很好地调节步伐频率与幅度。

⑤在进行走步运动时，落地动作要轻柔。

3. 走步练习的内容

（1）走步基本动作的练习

根据走步的基本动作特点及幼儿动作的发展特征，在幼儿园中可进行的走步练习内容非常多，主要包括快步走、变向走、变速走、后退走、踩点走、轻轻走、走走停停、长距离走、闭目行走、听（看）信号走、控物走、持物走、跨过一定高度走、踩高跷走、在固定或不稳定的材料上走、拖拉物品走、推物走、协同走等。

（2）走步基本动作技能的练习

走步基本动作技能是在一定学习及练习的基础上形成的动作能力，有些动作技能较为简单，能在很短的时间内学会，有些动作技能相对复杂，需要反复练习才能学会。教师应理解各种动作技能的难易度，有目的地组织此类活动。

走步的动作技能主要包括全脚掌着地走、前脚掌着地走、脚跟走、侧向并步走、正向交叉走、侧向交叉走、高抬腿走、半蹲走、全蹲走、后踢步走、后退走、弓箭步走、顶脚走、转体走、结合躯体动作变化的行走等。

4.各年龄段走步教学的主要内容

（1）小小班

对于小小班的幼儿而言，其走步教学内容最为简单，却也十分丰富，主要有以下几个方面：要求幼儿从低矮的障碍物上面跨过去，如积木、绳子等；让一个幼儿跟着另一个幼儿行走；使幼儿听从教师的口令向指定的方向行走；要求幼儿推或者拉着某个物体向不同的方向行走；等等。

（2）小班

小班幼儿的走步教学内容也十分丰富，主要有要求幼儿在某一范围内四散走；要求幼儿模仿某种动物的姿势行走；要求幼儿短途远足；等等。

（3）中班

其要求幼儿听从教师的口令进行有节奏的行走；要求幼儿用脚尖走或者蹲着走；要求幼儿向上举着手臂行走；要求幼儿在两个物体之间行走，或者在平衡板上面行走；要求幼儿倒退走或者上下坡行走；等等。

（4）大班

其要求幼儿一对一按照整齐划一的步伐行走；要求幼儿听从教师的信号变速行走或者变化方向行走；要求幼儿进行较长距离的远足；等等。

（二）运动实践部分——走步的教育

1.走步游戏

（1）游戏1：听我指挥

①目标：

开展绕圈走的游戏活动，培养幼儿听信号迅速做出反应的能力。

提升幼儿的自我控制能力，增强幼儿的集体意识。

使幼儿掌握几种常见的口令。

②玩法：

教师先让幼儿排成一列纵队，然后围成一个圆圈，并且前后之间保持一人宽的距离，教师站在圆圈中间指挥幼儿进行集体走练习。

第一步游戏：使幼儿听从口令，并做出正确的动作。口令主要是一些常见口令，如立正、稍息、齐步走、立定、向后转走、蹲下、起立等。

第二步游戏：适当提高喊出口令的速度，增强口令的变化。主要可以使用齐步走、向后转走、立定、单脚独立、转一圈等口令。当幼儿基本上能够顺利完成第二步游戏时，再适当增加游戏难度。

第三步游戏：用数字"一""二""三"来分别代替"立定""齐步走""向后转走"等口令，通过增加游戏难度，进一步提高幼儿听信号做出反应的能力。

③规则：

幼儿彼此之间要保持一定的距离，以避免在游戏中出现相互碰撞的现象。

当幼儿做出错误的动作反应时，教师应该重新来一次。

当幼儿完成某一动作反应时，教师应该以口令"1、2"来回应。

④建议：

教师在喊口令时，要做到声音洪亮，吐字清晰。

教师应该根据幼儿的能力灵活调整口令的速度。

在第三步游戏中，除了可以用数字来代替不同的信号外，还可以用各种肢体动作来代替。代替的口令数量不宜太多，三个最佳。

集体听口令结合其他动作方式，能提高游戏的趣味性。除了以圆形的方式组织外，幼儿也可以无序站位跟随的方式进行游戏。例如，在游戏"你是我的影子"中，幼儿跟着教师，教师可以结合走走停停、不同方位的一步跨出、慢走、快走、蹲下、立定等方式进行，同时还要注意在行进过程中，转换时的节奏不要太快。

（2）游戏2：胯下抓棒

①目标：

提高幼儿手脚动作的协调能力。

发展幼儿走步动作，促进幼儿下肢力量的增强。

②准备：

若干个长50厘米的纸棒，可以自己制作。将硬度大且长或者宽为50厘米的纸张卷成一根棍棒的形式，然后用透明胶布在外面缠住。

③玩法：

第一步游戏：教师向每名幼儿分发一根纸棒，并且在教师的组织与带领下进行胯下抓棒的练习。

方法1：每名幼儿一只手抓着一根纸棒，一只脚大步向前跨出，另一只脚跟上落地，每跨出一步，幼儿便在胯下将纸棒放在另一只手上。

方法2：每名幼儿一只手抓着一根纸棒，向前自然走步，在这一过程中，幼儿将一只腿屈膝成高抬腿，然后在胯下将纸棒放在另一只手上。该练习方法可以从原地开始。

第二步游戏：在幼儿基本掌握上述动作方法的基础上，教师开始组织幼儿进行分组比赛。

如图4-1所示，将幼儿分成人数相等的两组，使两个组成纵队站立，并保持10米的距离，每组排头幼儿手拿一根纸棒。当教师发出游戏开始的信号后，排头幼儿用跨大步双手交换纸棒的方法向前行进，当走到中间的圆圈处时，用高抬腿双手交换纸棒的方法走到终点位置，然后迅速跑回起点位置，将纸棒交给第二名幼儿。如此反复练习，直到最后一名幼儿回到原点位置，最后看哪个组最先完成。

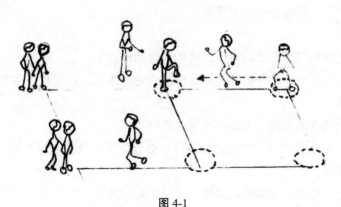

图 4-1

④规则：

每向前走一步，必须双手交换一次纸棒。

⑤建议：

也可以用其他器材来代替纸棒。如小型塑料圈、纱巾、沙包等。

跨大步是发展幼儿平衡能力、柔韧性及下肢力量的一种运动方式。在幼儿园体育活动中，体育游戏可以成为练习的方法之一。针对跨大步的练习内容，教师可以教幼儿"弓箭步"的练习方法。动作要领：身体自然正直，面向前方，每一步跨出时，步幅尽可能跨大，使身体成弓步，此时上身保持正直，跨出腿的小腿与大腿之间成90°，大腿与躯干之间成90°，另一条腿绷直，脚前掌着地。如此反复，向前行进。

胯下抓棒不但可以在跨大步这一动作中被运用，而且可以在高抬腿、高踢腿等动作中被运用。

（3）游戏3：我要慢慢长大

①目标：

运用各种走步动作来发展幼儿的下肢力量。

增强幼儿走步动作的灵活性，提高幼儿走步过程中身体的协调性。

②玩法：

第一步游戏：在教师的组织与要求下，幼儿自由地站在场地中，然后模仿树苗慢慢长大的过程。身体动作的变化过程为全蹲—半蹲—身体前屈—直立—起踵伸展。手臂动作的变化过程为胸前平屈—双手掌根相对成上托姿势—上举—斜上举。

第二步游戏：组织方法同第一步游戏，在教师的带领下，幼儿成全蹲姿势，然后模仿"人"不断长大的过程。身体动作的变化过程为全蹲走—半蹲走—前屈走—直立走—起踵走—向上跳起。

③规则：

根据教师的口令，及时做出正确的身体动作。

在走步过程中，幼儿彼此之间要保持一定的距离，以免相互碰撞。

④建议：

教师应该合理掌握每个动作所保持的时间。

在进行上述游戏的过程中，教师可以通过语言与肢体动作相结合的方式来引领学生进行。

在模仿人的成长过程的游戏中，可以从爬行开始。

也可以用其他方式来替代这一游戏。例如，可以要求幼儿模仿"开飞机"的动作过程，即手握纸飞机—全蹲—停机—飞行。飞机飞行的高度，由低到高可以通过全蹲走—半蹲走—直立走—起踵走的动作来表示，同时也可以改变行走动作的速度与方向来代表飞机飞行的速度与路线。

不同体位的行走，是一种较为多样的动作技能，教师在组织此类活动时，既可综合运用不同体位进行下肢力量的发展，也可针对某一种体位进行练习。例如，在游戏"小蚂蚁"中，幼儿以全蹲走的方式进行活动，在此过程中，教师可以让幼儿先随机蹲在场地上，朝同一方向行进，教师站于幼儿身后，发出口令，"快走""停""慢慢走"。一定时间后，再发出口令"两只蚂蚁连在一起"，此时两名小朋友前后搭肩一起向终点以全蹲走的方式行进。再如，在游戏"大猩猩"中，教师要求幼儿随机站于场地上，每名小朋友成半蹲，双手扶于膝关节上，以半蹲走的方式进行操作，可以是直线走、曲线走、一只脚为轴、旋转走等方式，以提高大腿的持续力量。

（4）游戏4：三打"白骨精"

①目标：

发展幼儿大步走的能力。

通过对游戏趣味性的增加来激发幼儿参加游戏活动的兴趣。

②玩法：

教师将全体幼儿按两人一组分成若干个小组，分别让两个小组的两名幼儿平行站在距离终点线15米远的起跑线位置，然后模仿《西游记》中孙悟空、唐僧、白骨精三个角色的动作，进行两人间的对抗。

在游戏中，孙悟空、白骨精与唐僧三个角色的关系是唐僧胜孙悟空，孙悟空胜白骨精，白骨精胜唐僧，三者之间是相互牵制的关系。其要求幼儿做出与三者中其中一个角色相对应的动作，然后决定胜负。

孙悟空的动作为单手反向举在额上，掌心向下。唐僧的动作为双手合十于胸前。白骨精的动作为两只手臂屈于肩上，手心向前，五指张开。

两名幼儿一起喊出"一、二、三——变"之后，同时做出相应的动作。胜利的一方可以向前跨出一大步，然后同时做出相应的动作，之后两名幼儿再一起喊出口号，胜者向前跨出一大步，如此反复，直到一名幼儿最先到达终点为止。

③规则：

两名幼儿必须同一时间做出相应的动作。

两名幼儿必须从原地向前跨出，而不能以跑或者跳的方式向前跨出。

④建议：

教师在正式开展游戏活动之前，应该先让幼儿对"三打白骨精"游戏的动作进行充分练习并熟练掌握，以免幼儿在关键时刻将其忘记或者混淆。教师也可以对游戏动作进行适当的改变，只要形象简单即可。

三者之间互相牵制的内容除了有"三打白骨精"的游戏之外，还有其他很多游戏，如剪刀、石头、布等。教师可以根据不同的情况灵活改变活动内容。

在"三打白骨精"游戏的基础上，若开展更具有挑战性的跨步游戏，可以采用"猫抓老鼠"的游戏。两名幼儿面对面，间隔两臂的距离，两人用手猜拳，输方快速向后退一大步，胜方快速向输方退的方向跨出一大步，并用手去触碰输方。若碰到，猜拳输的一方向胜的一方鞠躬一次；若没碰到，游戏再次开始。

猜拳游戏是传统游戏的重要内容，是进行体育游戏设计很好的素材。以猜拳的形式进行的身体活动多种多样，可以是跨步走，也可以是顶脚走、侧步走、

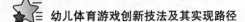

倒退走等，也可以结合跳、跑、投等方式进行。

（5）游戏5：踩石过河

①目标：

锻炼幼儿大步走的动作，提升幼儿控制器械的能力。

发展幼儿的下肢力量。

②准备：

若干个塑料圈。

③玩法：

第一步游戏：自由练习。在该游戏中，每名幼儿手持两个塑料圈，将其中一个塑料圈放在地上，然后双脚踏进该塑料圈，再将另一个塑料圈放在自己的前方，然后双脚继续踏进第二个塑料圈，再将第一个塑料圈捡起，继续放在前面的地面上，按照此方法反复向前行进。

第二步游戏：如图4-2所示，教师将幼儿分成人数相等的两组进行比赛，然后再将每组幼儿分成两队，要求同一组的两队幼儿面对面地站在起始位置与终点位置。每组幼儿分发两个塑料圈。位于起始位置的排头幼儿手拿塑料圈，当教师发出开始的信号时，排头幼儿按照第一步游戏的方法向终点位置行进，当到达终点时将两个塑料圈交给对面的排头幼儿。如此反复，最终最先完成的一组为胜。

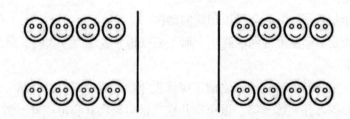

图4-2

第三步游戏：搭桥。全体成一列纵队站立，排尾幼儿将若干个塑料圈依次向前传递给排头幼儿，然后排头幼儿将塑料圈依次向前放在地面上，双脚踏入塑料圈中，后面的幼儿以此跟进，一直到小桥搭建完成，并且所有的幼儿都通过。该游戏也可以通过分组对抗的方式进行。

④规则：

幼儿两只脚只能按照一定的先后顺序依次踏入塑料圈之内。

如果将塑料圈扔得太远，无法踏入时，可以将其捡回，重新扔一次。

两塑料圈之间应该间隔一定的距离，以保证幼儿能够以跨大步的方式踏入。

⑤建议：

教师应该指导幼儿根据自身的能力，合理控制两只塑料圈之间的距离。

教师可以适当增加游戏的难度。例如，要求幼儿在每次将塑料圈掷出之前，先由脚下将塑料圈套过身体之后，再掷出。

可以用塑料块、厚纸板、木块等其他器材代替塑料圈。

（6）游戏6：踩着高跷晃悠悠

①目标：

发展幼儿的手脚协调能力。

发展幼儿在走步运动中对身体与器材的控制能力．

②准备：

自制若干个高跷。制作方法主要有以下两种。

两只脚分别踩在两根短绳的中间位置，两只手分别将两条绳的端头提起来。

在较硬的易拉罐上打眼穿绳。

③玩法：

第一步游戏：自由练习。在教师的领导下，幼儿两只脚分别踩在短绳或易拉罐上面，两只手提着绳子向前行进；在使用易拉罐时，可以将绳子直接绑在两只脚上向前行走，提绳行走的方式可以为踩易拉罐行走做准备。

第二步游戏：在全体幼儿基本熟练掌握上述动作的条件下，教师将全体幼儿分成人数相等的若干个小组，并使其成横队站立，然后组织各个小组的幼儿按照第一步游戏的方式进行一定距离的比赛，看谁走得快。

第三步游戏：组织方法同第二步游戏，使各组幼儿按照第一步游戏的方式进行接力比赛。

第四步游戏：在踩绳游戏中，四散追逐跑是主要方式。教师可以组织幼儿在某一特定范围内，选出一人追逐其他幼儿，其他幼儿可以通过逃跑或者蹲下的方式来躲避幼儿的追逐。在开展该游戏时，教师要特别注意幼儿的安全。

④规则：

在第四步游戏中，教师要规定幼儿只能在一定范围内奔跑，不能跑出这一特定范围。

幼儿应该始终在高跷上，如果落在地面上，应该在原地重新回到高跷上，然后才能继续游戏。

⑤建议：

在上述每一步游戏中，教师都应该密切关注幼儿的安全。

在第四步的追逐游戏中，只要触碰到就算被抓到。

（7）游戏7：掉不下来

①目标：

发展幼儿在走步过程中的平衡能力。

增强幼儿对物体的控制能力。

②准备：

若干个毽子。

③玩法：

第一步游戏：自由练习。幼儿双臂成侧平举，并将若干个毽子分别放在手背、肘关节、肩关节与头顶等位置上，然后自由行走。

第二步游戏：在全体幼儿基本熟练掌握第一步游戏方法的条件下，组织幼儿进行变向走练习。例如，可以组织幼儿绕圈走或者绕障碍物走等。

第三步游戏：适当增加游戏的难度，可以将毽子放在幼儿的后背上，使幼儿屈体向前行走；也可以将两个毽子分别放在左右脚的脚背上进行走步练习。

第四步游戏：运物接力。将全体幼儿分成若干个小组成纵队站立，排头幼儿通过上述游戏方法将物体运到终点位置，然后迅速跑回。如此反复，最先完成的一组即胜利的一方。

④规则：

在行进的过程中，如果毽子掉落，那么幼儿应该在原地将毽子捡起并重新放好，然后才能继续游戏。

在第四步游戏中，当幼儿到达终点位置时，不能直接用手将物体放下，而是应该通过身体动作来将物体放下。

⑤建议：

教师可以引导幼儿充分发挥自己的想象力，提出更多用身体部位控制毽子的其他要求。

在游戏中，教师可以适当增加毽子的数量，并将其放在身体更多的部位。

教师可以用其他器材来代替毽子，如沙包、帽子等。

以走的方式进行平衡能力的练习。教师在设计中，主要有四种方式：一种是控制自我重心，在无材料情况下进行的平衡练习，如全脚掌走、后脚跟走、顶脚走、交叉走等；一种是控制材料从而控制自我重心的平衡练习，如踩高跷、托物走、挑担担、顶物走等；一种是以材料为辅助，形成自我重心控制的平衡练习，如走平衡木、绕桩走、踏石过河等；最后一种是利用环境进行平衡走的练习，如上坡走、下坡走、穿树林等。

（8）游戏8：椅子上的行动

①目标：

提高幼儿的身体平衡能力与协调能力。

②准备：

若干个有靠背的结实的椅子。

③玩法：

第一步游戏：将若干个椅子沿着直线成纵向放置，并将椅子朝着同一个方向摆放，椅子与椅子之间要紧紧相连，在教师的带领下，幼儿在椅子上面进行游戏。

第二步游戏：按照上述方法来摆放椅子，然后任意选出几把椅子旋转90°，以使其成为幼儿向前行进的障碍物。

第三节游戏：如图 4-3 所示，将上述椅子进行错位放置，使幼儿在椅子上进行变向走练习。

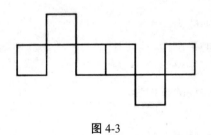

图 4-3

第四步游戏：如图 4-4 所示，将其中的任意几把椅子拿出来，使幼儿在一定的宽度下进行行走练习，但是不能连续拿出几把相邻的椅子，以免宽度太大，导致幼儿无法跨出。

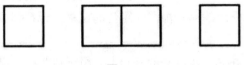

图 4-4

第五步游戏：将椅子按照第一步游戏中的方法进行放置，然后将幼儿分成人数相等的两组，使两组幼儿从椅子的两侧同时向对面行走，当与对面的幼儿相遇时，要能够相互协调，并能够绕过对方顺利地向对面行进。

④规则：

第五步游戏要求相遇的两名幼儿要有足够的默契。

教师应该对幼儿前后之间的距离进行合理控制，椅子上的人数应该由少到多。

⑤建议：

在第五步游戏中，两名相遇的幼儿在进行合作练习时要注意安全。

在椅子上行走时，幼儿可以使身体以不同的姿势进行。例如，可以侧向走、半蹲走、全蹲走等。

教师可以按照各种图形对椅子进行自由摆放。例如，可以将椅子按照圆形、折线形的样式进行摆放。在该游戏中，教师要充分保证材料及其组合的安全性。

用椅子、凳子、梯子、轮胎、油桶等材料进行各种组合搭配，这需要幼儿在控制自我恐惧的情况下，进行身体的运动。因此，教师可以根据幼儿身心发展的特点及运动经验与能力，有目的地调整材料的高度，帮助幼儿不断获得相关的经验与能力，从而促进其心理的健康发展。

（9）游戏9：两人三足走

①目标：

发展幼儿协同走的能力。

增强幼儿走步中的平衡性与协调性。

②准备：

若干个具有一定弹性的宽护带。

③玩法：

第一步游戏：自由练习。教师要求两名幼儿分别站在左右两个位置，用护带将两名幼儿之间的内侧脚踝绑住，并使幼儿内侧的两只手能够紧挨着，使两名幼儿在规定的范围内能够同时向前行进。并且在这一过程中，两人要听从统一的口令做出相应的动作。

第二步游戏：按照第一步游戏的方法，教师将全体幼儿按照两人一组分成若干个小组，然后组织其参加一定距离的比赛，看看哪一组的幼儿能够做得最好。

第三步游戏：在第一步游戏的基础上，组织幼儿在一定范围内参加多种形式的行走练习。例如，可以组织幼儿倒退行走、侧向行走或者转圈走等。

④规则：

两名幼儿之间必须能够默契合作，并且不指责、埋怨对方。

两名幼儿之间要按照统一的口令进行行走练习。

⑤建议：

幼儿在游戏过程中，要注意安全。

用来绑住两人脚踝的护带必须具有一定的弹性与宽度，以免对幼儿身体造成损伤。

刚开始练习时，教师也可以将护带绑在两名幼儿的膝关节处，如此可以适当降低游戏的难度。

（10）游戏10：看谁做得像

①目标：

增强幼儿各种走步的能力。

发展幼儿对事物的模仿能力。

②玩法：

教师组织全体幼儿站成一个圆圈，并且相互之间间隔一定的距离，教师站在圆圈中央，一边发出口令，一边对各种动作进行示范，然后使幼儿听从统一的口令，模仿自己的各种动作以纵队的方式行进。

③内容：

教师所示范的动作多种多样，主要有模仿舞蹈家、大猩猩、小猫、老爷爷、猪八戒、企鹅、小鸭子、大象以及小鸟飞行等人与动物的动作。其中，舞蹈家的动作可以通过前脚掌着地或者弹簧步行走的方式进行；大猩猩的动作可以通过两臂上举或者两臂下垂半蹲走的方式进行；小猫的动作可以通过高抬腿轻柔落地走的方式进行；老爷爷的动作可以通过双手于背后交叉、双脚成外八字半蹲走的方式进行；猪八戒的动作可以通过上体后仰、双手叉腰、双脚成八字脚行走的方式进行；企鹅的动作可以通过两臂紧贴于身体两侧、双手上屈、掌心朝下、身体左右摆动、双脚成全脚掌行走的方式进行；小鸭子的动作可以通过身体全蹲、双手握住脚踝行走的方式进行；大象的动作可以通过上体前屈、双腿伸直、双手握住脚踝行走的方式进行；小鸟飞行的动作可以通过双臂侧举上下摆动、双脚快步行走的方式进行。

④规则：

幼儿应该集中精力，时刻注意教师口令的变化，及时做出相应的对人或事物的模仿动作。

幼儿与幼儿之间要间隔一定的距离，尽量不要相互拥挤，以免对动作的效果产生影响。

⑤建议：

教师应该合理把握每一个模仿动作所进行的时间，如果动作强度过大，则应该适当减少动作模仿的时间。

教师在选择动作模仿的顺序时，应该注重幼儿肌肉的均衡练习，以免造成肌肉疲劳。例如，如果上一个模仿动作中有前脚掌走的动作，那么下一个游戏就应该安排有脚后跟走的动作练习。

教师也可以准备一些模仿对象的图片，以鼓励幼儿自己根据图片动作进行模仿，然后再与教师的预设动作结合起来，最终完成游戏。

不同体位及不同身体姿势的行走，会提高幼儿身体的平衡能力、柔韧性及身体的控制力。此方式既可综合操作，也可采用单独动作进行操作。例如，在游戏"大象家族"中，教师在地面上随机放置若干"雪花片"，幼儿可以以身体前屈的方式行走，在行走的过程中要尽可能不屈膝。当无法完成时，教师可允许幼儿两腿开立，每拾到一片"雪花片"，就放到营地高高挂起的小框里，此时幼儿需伸直躯干，以做调节。

2. 走步教案

（1）教案1：百变易拉罐

①活动目标：

增强幼儿平衡走的能力，提高幼儿控制物品平衡性的能力。

增强幼儿的团结合作意识。

②活动准备：

若干个易拉罐与纸棒，以及若干个通过在易拉罐上穿绳而制作出来的小高跷。

③活动过程：

1）开始部分（3分钟）

教师选择并播放恰当的音乐，带领幼儿参加各种走步动作的练习。（内容可以参阅本书的走步游戏——"看谁做得像"中的内容。）

组织：

在教师的带领下，全体幼儿以一路纵队的形式按照"S"形进行走步练习。

2）基本部分（24分钟）

A. 踩高跷（8分钟）

幼儿取器材：在正式开展游戏活动之前，教师组织幼儿以自然走步的形式围成一个圈，并在旁边放置若干个自制的小高跷。教师要求每一名幼儿在经过小高跷时，取两个小高跷，以为游戏活动做准备。

a. 幼儿自由尝试练习踩高跷。

b. 教师示范（强调走的方法。手脚协同），请个别幼儿示范。

c. 再次自由练习。

d. 成一列横队，距离 10 米，进行踩高跷比赛。

B. 同心协力（8 分钟）

完成上述踩高跷的游戏活动之后，教师可以引出"同心协力"这一游戏活动。

a. 教师介绍"同心协力"的玩法。

玩法：教师将全体幼儿按照两人一组的分组方式分成人数相等的若干个小组，然后要求每一组的两名幼儿各自拿一个易拉罐，然后两名幼儿将自己手中的易拉罐抵在一起，并在中间再夹一个易拉罐，然后一起在一定的范围内进行行走练习。

b. 在主班教师与配班教师的共同示范下，幼儿两两之间进行自由练习。

c. 在幼儿基本掌握上述动作的基础上，教师将幼儿分成人数相等的两队，然后将每一队的幼儿按照两人一组进行分组，组织幼儿开展"同心协力"的比赛活动。每个小组的幼儿之间间隔大约 10 米左右，当教师发出开始的口令之后，排头一组的幼儿按照上述动作方法，彼此配合，一直走到终点，然后从终点位置返回到起点位置，然后第二组幼儿按照同样的方法进行游戏。如此反复，以最快速度完成游戏的队伍为胜。该游戏可以练习 2—3 次。

规则：

在开展游戏的过程中，当易拉罐掉在地上时，幼儿必须将易拉罐捡起来，然后继续向前走。

C. 看谁走得直（8 分钟）

a. 教师先向幼儿详细介绍"看谁走得直"这一游戏的具体玩法。

玩法：

每名幼儿手拿一根纸棒，然后教师组织幼儿用手中的纸棒将横放于地面上的易拉罐努力向前方拨动，看谁的易拉罐滚动的路线又直又长。

b. 教师先对游戏动作进行示范，然后由幼儿进行自主练习。

c. 教师组织全体幼儿成一列横队站于起点位置，然后在相距 8 米远的位置设置终点位置，要求幼儿按照上述方法将易拉罐滚到终点位置，看谁的易拉罐最先到达终点处。该游戏可以重复 2—3 次。

d. 教师可以按照分组的方式来组织幼儿开展比赛活动。

如图 4-5 所示，起点线与终点线之间大约间隔 10 米。教师先将全体幼儿分成人数相等的两队，然后将每队的幼儿分成人数相等的两个小组，按照下图4-5的方式使其站到对应的位置上。教师分别向两队的幼儿发放一个易拉罐，同侧的排头幼儿按照上述动作方法将易拉罐拨到终点位置的排头幼儿处，然后终点位置的排头幼儿继续按照同样的方式将易拉罐拨到起点位置的第二名幼儿。如此反复，最先完成游戏的一队为胜。

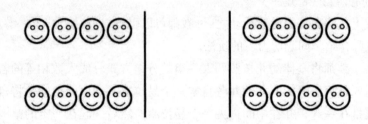

图 4-5

3）结束部分（3分钟）

伴随着轻松欢快的音乐，教师组织幼儿将游戏器材捡回，并放在指定的位置，然后随着音乐的节奏以特定的方式排列成一路纵队，后面幼儿的手搭在前面幼儿的肩膀上，然后在教师的统一指挥下，渐渐离开场地。

（2）教案2：倒车——请注意

①活动目标：

提高幼儿在走步过程中身体的协调性与平衡性。

增强幼儿的团结合作意识。

使幼儿充分体验游戏活动所带来的乐趣。

②活动准备：

若干个自制的纸球、呼啦圈和小塑料圈。

③活动过程：

1）开始部分（5分钟）

在教师的带领下，每名幼儿手拿一个小塑料圈，并成一路纵队站立，然后模仿开汽车的动作进入场地，伴随着音乐，按照不同方位进行走步练习。比如说，可以原地踏步走、向前走、后退走、转弯走、下蹲走等。最后教师指挥幼儿走成一个圆圈。

教师站在圆圈的中央，然后组织幼儿做圈圈操。

幼儿手拿小塑料圈进行肢体练习。

幼儿将小塑料圈放在地面上，然后进行跳跃练习和变向跑练习等。

2）基本部分（21分钟）

A.一进一退，倒退走（8分钟）

a.幼儿以两人为一组，面对面地站立，并将手中的小塑料圈重叠在一起，此时两名幼儿都用手拉着小塑料圈，其中一名幼儿向后走，另一名幼儿向前跟进，此时可以任意变换行走方向。然后两名幼儿互换角色继续练习。

b.教师对相关注意事项进行详细讲解与示范，然后幼儿继续进行协同走练习。

c.教师组织全体幼儿成一列横队站在起点位置上，以两名幼儿为一组，然后在相距15米远的位置设置终点位置，此时按照上述方法，一名幼儿向后退，另一名幼儿向前跟进，当到达终点位置时，两名幼儿互换角色，向起点位置行走。最后看哪一组的幼儿做得最好，且速度最快。比赛次数以2—3次为宜。

B.游戏：开车过雷区（8分钟）

a.如图4-6所示。教师先在场地内画一个大小适宜的圆圈，然后在圆圈内任意放置若干个自制纸团，但要保证能够容纳全体幼儿在该圆圈内进行游戏。然后教师组织幼儿按照上述动作方法在圆圈内进行自由练习，注意不能踩到纸团，这就需要后退走的幼儿注意对方向的控制。另外，幼儿之间也尽量不要相互碰撞，可以配合"倒车，请注意"等口令进行，以做到互相提醒。

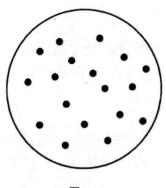

图 4-6

b.双人背向倒退走。教师将两名幼儿手中的小塑料圈收回，然后换成一个大的呼啦圈，然后让两名幼儿背靠背站在呼啦圈之内，让幼儿在一定的范围内进行各种形式的走步练习，如向前走、倒退走、转弯走等。该游戏注重培养幼儿之间的协作与配合能力。

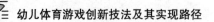

C.集体倒退走（5分钟）

以"开火车"的游戏进行。教师组织全体幼儿成一路纵队排列，然后让幼儿手拿呼啦圈，通过呼啦圈将幼儿连接在一起。教师发出"集体向前走""停""向后退"的口令，全体幼儿按照直线的排列形式进行前进与后退的练习，后退的动作需要配合"倒车，请注意"的口令进行。教师要注意口令的节奏，要为幼儿进行练习留出足够的反应时间。教师应该站在队列的最后面。

3）结束部分（4分钟）

通过双人舞蹈的形式来组织幼儿开展放松活动。幼儿两两一组，在"慢四"的音乐声中，幼儿手牵着手，进行双人舞蹈练习，向前进两步，然后向后退两步。教师通过口令"1，2，3，4"来统一指挥幼儿的动作。

伴随着轻松欢快的音乐，教师组织幼儿将游戏器材捡回，并放在指定的位置。

（3）教案3：快乐的小螃蟹

①活动目标：

锻炼幼儿侧向走的能力。

提高幼儿听信号及时做出反应的能力。

幼儿通过与其他幼儿之间的协作，充分体验游戏活动所带来的乐趣。

②活动准备：

若干个羽毛球与长绳，音乐。

③活动过程：

1）开始部分（6分钟）

在教师的带领下，幼儿通过慢跑的方式集体进入场地中，然后向各个方向进行跑步练习，之后通过走的方式成一路纵队进行排列，从而为之后的练习做准备。

A.进行集体左右步练习

在教师的统一口令下，全体幼儿向左、向右进行跨步练习，可以跨出一步、两步、三步等。按照此方法如此反复练习。在练习的过程中，全体幼儿要始终保持良好的队形。

B.将一路纵队变换成两路纵队进行行走

在教师的口令下，排头的幼儿蹲下，第二名幼儿原地不动，第三名幼儿蹲下，第四名幼儿原地不动，如此反复直到最后。在这一过程中，教师应该要求原地不动的幼儿先向左侧跨出一步，然后下蹲；前面蹲着的幼儿站立起来，然后向左侧跨出一步。按照此方法反复进行练习。

2）基本部分（20分钟）

A. 侧向走练习（6分钟）

a. 当全体幼儿完成队形变化练习之后，教师开始以提问的方式来引出主题，可以先让幼儿思考螃蟹是如何行走的。然后在教师的带领下，全体幼儿成两列横队站立，模仿螃蟹走路的动作进行集体练习，并集体唱儿歌，即"一只螃蟹爪八个，两头尖尖那么大个，我眼一挤呀脖一缩，走呀走呀过了河"。

b. 教师按照图4-7所示的方法将羽毛球筒竖在场地上，然后带领全体幼儿进入场地中，并提醒幼儿不要碰到羽毛球筒。教师组织幼儿以侧向走的方式站成一路纵队。幼儿在教师的示范下，依次进行直线走或者绕障碍物走等动作的练习。在游戏过程中，幼儿如果不小心将羽毛球筒碰倒，那么应该尽快扶起。

B. 侧向走比赛（7分钟）

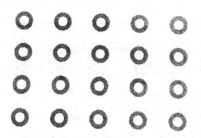

图4-7

教师按照图4-8的方式将幼儿分成两个小组，然后要求两组幼儿两两相对地站立，然后组织幼儿在图4-7的场地上参加往返接力比赛，每组排头的两名幼儿将羽毛球筒套在自己的双手手臂上，然后面对着面，手牵着手。当教师发出游戏开始的口令之后，两名幼儿迅速以侧向走的方式走向终点位置，然后以相同的方式返回到起点位置，并将羽毛球筒套到下一组幼儿的手臂上。按照此方法反复进行，直至所有的幼儿都完成游戏，最终以最快速度完成游戏的一组为胜。该游戏可以反复练习2—3次。

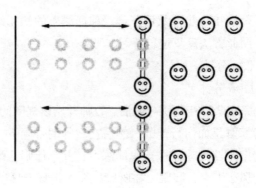

图 4-8

C. 螃蟹过河（7 分钟）

方法：教师带领幼儿先在场地中放置一条长绳，并将其拉直，然后在该长绳的上空再挂一条长绳，并将一个羽毛球筒套在空中的长绳上，然后幼儿两只手抓着该羽毛球筒，双脚踩在地面的长绳上，以侧向走的方式走到长绳的另一端。

游戏组织：教师将全体幼儿分成两个小组开展对抗比赛活动，并向每名幼儿发放一个羽毛球筒，当教师发出游戏开始的口令时，每组第一名幼儿将自己手中的羽毛球筒套在空中的长绳上，然后双脚踩着地面的长绳，按照上述方法走到终点位置，并以同样的方法返回到起点位置，然后将羽毛球筒拿出来，随后第二名幼儿开始按照同样的方法进行。按照此方法反复进行，直至所有的幼儿都完成游戏，最终以最快速度完成游戏的一组为胜。教师应该控制好空中长绳的高度，要保证绳子高度稍微高于幼儿的身高，使幼儿能够双手抓住长绳。

3）结束部分（4 分钟）

A. 教师带领幼儿做放松运动

可以通过"弹钢琴"的游戏开展放松活动。教师可以以 3—4 名幼儿为一组的方式进行分组，并为不同小组的幼儿分配不同的角色，分别扮演 1、2、3、4、5、6、7、i 这八个音符，然后教师开始以此唱出各个音符，并配合一定的手势动作进行指挥，被点到的一组幼儿可以以轻跳或者下蹲的方式进行回应。在这一过程中，教师应该合理控制唱的速度。

B. 师生共同收回器材

二、跑步教育

（一）跑步教育基本知识简介

跑步也是人体进行位置移动的基本运动方式，同时也是人体移动最快的运动方式。对于幼儿而言，跑步是其进行日常活动的最基本的技能之一，对于其身体的发展与锻炼具有非常重要的意义。在进行跑步运动时，人体全身的肌肉都会被调动起来。在众多运动方式中，跑步的运动量可以根据实际情况进行灵活控制。幼儿经常参加跑步运动，能够充分锻炼其下肢部位的肌肉，增强其身体素质，同时还能培养其活动时身体的平衡性、协调性与节奏感等。另外，幼儿跑步教育活动的开展，能够使幼儿不断积累时间与空间方面的经验，从而有利于其时间知觉与空间知觉的培养。

1. 目标

①增强幼儿跑步能力，增强幼儿跑动中的反应能力、速度，逐步增加幼儿跑动中的距离。

②在幼儿基本掌握跑步基本动作能力的基础之上，进一步丰富幼儿跑步的形式，设置一定的障碍，适当增加跑步动作的难度，通过多种方式增强幼儿肢体的灵敏性与协调性，发展幼儿的下肢力量，培养幼儿正确的方位感。

③不断加强幼儿跑步动作技能的练习，一方面提高其各种身体素质，另一方面使其基本跑步能力能够得到进一步提升。

④通过对各种综合性活动的开展，进一步巩固幼儿的跑步能力。

⑤通过各种跑步游戏，增强幼儿独自参加游戏的能力。

2. 跑步的特点和基本要求

①在跑步运动中，两只脚同时离开地面，为腾空动作。腾空的高度足够高，有助于人体位移速度的增加以及步幅的增大。这是与走步动作明显不同的显著特征。

②在跑步运动中，脚与腿的后蹬力量十分重要。当后蹬力量足够大、后蹬速度足够快时，人体向前移动的初始速度就会相对比较快。

③在跑步运动中，要保持上身正直，尽量避免左右晃动、低头等一些不良的动作，否则会对跑步的速度与稳定性产生不良的影响。

④在跑步运动中，两只手臂要做到自然摆动。自然摆臂的动作有利于保持

身体的平衡性，同时也能够对步频与步幅进行灵活控制。

⑤在跑步运动中，呼吸技巧也很重要，其要求要进行合理呼吸。尤其是在一些长距离的跑步运动中，应该以鼻子呼吸为主，也可以采用鼻子吸气、嘴巴呼气的方式。

⑥在短距离跑的过程中，由于长距离跑相对较少，所以教师应提倡幼儿多多练习前脚掌着地跑，以提高脚部力量。

3. 跑步练习的内容

（1）跑步基本动作的练习

根据幼儿跑步的基本动作特点及年龄特点，在幼儿园中，教师应当开展以基本动作为基础的跑步活动，其主要包括直线跑、变速跑、追逐跑、上坡跑、下坡跑、走跑交替、协同跑等方式。

（2）跑步基本动作技能的练习

跑步基本动作技能是在一定学习及练习的基础上形成的动作能力，同时，动作技能的练习能够不断增强幼儿跑步的能力。跑步的动作技能主要包括起跑、前后摆臂、小步跑、跑停、侧向并步跑、高抬腿跑、后踢腿跑、跨大步跑、变向跑、弧形跑、跨障碍跑等。

4. 各年龄段跑步练习的主要内容

（1）小班

对于小班的幼儿而言，其跑步教学内容最为简单，却也十分丰富，主要有以下几个方面：一个幼儿跟在另一个幼儿的身后跑步；学大马；在某一特定的范围内进行四散跑；参加 100 米的慢跑运动或者一边走一边跑。

（2）中班

对于中班的幼儿而言，其跑步教学内容难度大一些，主要有以下几个方面，即绕障碍物跑；在场地中自由地进行四散追逐跑，不限范围；进行 20 米的快速跑；100—200 米的慢跑运动或一边走一边跑。

（3）大班

对于大班的幼儿而言，其跑步教学内容难度更大一些，主要有以下几个方面：根据教师的口令进行变向跑或者变速跑；在场地内进行四散追逐跑或者躲闪跑；进行 25 米的快速跑；进行 200—300 米的慢跑运动或一边走一边跑；进行高抬腿跑或者大步跑。

（二）运动实践部分——跑步的教育

1.跑步游戏

（1）游戏1：攻城堡

①目标：

发展幼儿从静止状态进行加速跑的能力。

促进幼儿团结合作精神的培养。

②玩法：

第一步游戏：教师先按照如图4-9的方式在场地上画两条间隔2米的直线，然后将幼儿分成人数相等的两个小组，并分别成一列横队面对面站在两条直线的位置上。当教师发出开始的口令后，相对的两名幼儿迅速跑向对方以交换位置，在这一过程中，教师要合理控制幼儿交换位置的节奏，以使幼儿有足够的时间跑向对面位置，幼儿交换位置的频率可以先慢，然后逐步加快。

图4-9

第二步游戏：仍然按照图4-9的方式画两条间隔2米的直线，然后教师选出一些幼儿站在两条直线的中间，作为守关人，在幼儿进行位置互换的过程中，为其制造一定的阻碍，对幼儿进行阻拦，以使幼儿不能顺利跑到对面。而两条直线处的幼儿则可以进行自由跑动，并且尽量避免被守关人触及，以尽最大努力跑到对面。如果幼儿被守关人触碰到，那么其与守关人互换角色。

第三步游戏：教师先按照如图4-10的方式在场地上画出梯形的城堡，从下到上逐渐变窄，根据幼儿的实际情况来确定城堡的高度。教师自己作为第一关的守关人，任意选出若干名幼儿分别作为第二关与第三关的守关人，其他幼儿闯关。全体幼儿从第一关开始尽最大努力通过三关，并且在这一过程中尽量不要被守关人触碰到。最终能够顺利通过三关的幼儿为胜利者。

③规则：

在第二步游戏与第三步游戏中，幼儿如果被守关人触碰到，那么就要与守关人互换角色。

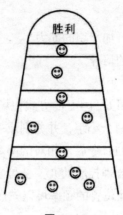

图 4-10

④建议：

在该游戏中，如果幼儿要独自闯关，那么其会有较大的难度，因此，教师可以提醒幼儿以彼此协作与配合的方式来闯关，以增加成功的概率。

攻城堡游戏是传统群体游戏中的一种。利用幼儿视觉判断，及跑动中思维的结合，使得游戏变得更加具有挑战性。教师在设计此类游戏时，应结合不同的方位，不同的体位，增加幼儿跑动中的选择性，不断提高幼儿合理的判断能力。如向左还是向右，是跳还是钻，我要拿什么，什么时候可以跑等。此类游戏也是行为安全教育的重要组成部分。

（2）游戏 2：绕过障碍

①目标：

发展幼儿身体的灵活性。

加强幼儿团结合作精神的培养。

②玩法：

第一步游戏：按照如图 4-11 的方式画两条相隔一定距离的直线，并在两条直线之间的地面上贴上距离相等的标志点。将全体幼儿按照两人一组分成若干个小组，然后为每个小组的幼儿起名"甲""乙"，并使"甲""乙"分别前后站在起跑线的位置上，注意各小组幼儿之间要保持一定的距离，以免在游戏过程中相互碰撞。此时教师开始喊口令，当喊出"跑"的口令后，位于后面的幼儿"乙"迅速绕到前面幼儿"甲"的前方的位置站立，然后喊一声"到"；当听到同伴喊出"到"时，幼儿"甲"又迅速绕到幼儿"乙"的前方的位置站立，然后喊一声"到"。如此反复，直到各组幼儿全都到达终点线为止。最后看哪一组幼儿最先到达终点位置。该游戏中的标志主要作用是将幼儿所站的位置固定在一条直线上，避免其行进方向出现偏差。

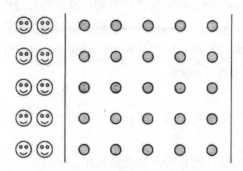

图 4-11

第二步游戏：仍然按照第一步游戏的方法组织，只是人数不再是两人，而是三人，如图4-12所示。在该游戏中，幼儿之间所站的位置应该间隔一定的距离。教师喊出"跑"的口令后，仍然由最后一名幼儿迅速地依次绕过前面的每一名幼儿，最后在第一名幼儿的前面站立，然后喊一声"到"，此时最后一名幼儿再按照同样的方法绕到最前面的幼儿的前面站立。如此反复进行，直到所有的幼儿都到达终点位置，最后看哪一组幼儿最先到达终点。

图 4-12

③建议：

该类游戏可以灵活改变游戏方法，在幼儿基本掌握上述游戏方法的条件下，教师可以进一步增加每一组的人数。

在该游戏中，教师也可以将幼儿行进的路线由直线改为方形或者圆形等。

教师可以以物品传递的方式来进行游戏。例如，每一组的最后一名幼儿手拿某一物品，然后按照上述第二步游戏中的方法，依次绕过前面的每一名幼儿，然后将手中的物品依次传递下去，最终站到小组最前面的位置，当最后一名幼儿拿到该物品时，倒数第二名幼儿才能开始游戏。如此反复进行。

教师可以在幼儿的行进路线中设置各种障碍物，使幼儿在这些障碍物之间绕行跑动。

变向跑的组织方式在幼儿园运用，主要为练习幼儿身体的灵敏性，除了要求幼儿不断提高跑动中的变换速度以外，教师在安排场地时，也可通过障碍物之间的距离调节，来提升幼儿身体的灵敏性。障碍物的间距越大，要求越低；间距越小，要求越高。教师在组织过程中，应有目的地进行设置。

（3）游戏3：救出小动物

①目标：

增强幼儿进行变向跑的能力，发展幼儿的灵敏素质与耐力素质。

②准备：

若干小筐、乒乓球以及各种小动物的玩具。

③玩法：

游戏方法一：教师先在场地上画两条间隔10米的直线，分别作为起点线与终点线，然后组织幼儿站在起点位置，并在终点位置放置一个装有3只乒乓球的小筐。当教师发出游戏开始的口令或者信号时，幼儿开始迅速跑向终点位置，并取走一只乒乓球返回并放在起点位置，然后再跑到终点位置，取走第二只乒乓球返回并放在起点位置。按照此方法反复进行，直到将3只乒乓球全都放在起点位置。该游戏也可以以多人同时对抗的方法进行，最后以最先取完并将乒乓球放于起点位置的一人为胜。

游戏方法二：教师先按照图4-13的方式在场地上画4条间隔2米的直线，将每条直线比喻成一层楼，然后在第二层、第三层与第四层的位置分别放一个小动物玩具。幼儿站在起跑线位置，假设楼房起火。当教师发出游戏开始的口令时，幼儿迅速跑到第二层楼的位置，救走一只小动物，并返回将其放到起点位置；然后继续向第三层楼跑去，救走一只小动物，并返回将其放到起点位置；接着继续向第四层楼跑去，救走一只小动物，并返回将其放到起点位置，游戏结束。在该游戏中，教师可以让一名幼儿单独进行游戏，在第二层、第三层与第四层楼的位置增加小动物玩具的数量。也可以组织多名幼儿进行对抗游戏。教师应该根据幼儿的实际情况合理设计楼层之间的距离。

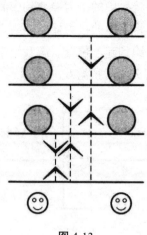

图 4-13

④规则：

在上述游戏中，幼儿每次只能取走一件小动物玩具。

幼儿必须将取回的动物玩具放在起跑线的前面。

⑤建议：

在游戏方法二中，教师可以自由设计楼层之间的距离，楼层之间的距离既可以相等，也可以不相等。

在游戏方法二中，教师也可以将小动物玩具换成瓶子，以便于开展集体性游戏，第一名幼儿依次将瓶子打倒并跑回，第二名幼儿依次将瓶子扶起来，从而形成接力游戏。

在游戏中设置较长距离时，教师可以让幼儿正向跑、往返跑；设置较短距离时，教师可以教会幼儿侧向往返跑。

（4）游戏4：多样接力赛

①目标：

增强幼儿身体的灵敏性与协调性。

②准备：

若干个接力棒与大呼啦圈。

③玩法：

游戏方法一：组织幼儿开展分段接力练习。教师先按照图 4-14 的方式在场地上画两条间隔30米的直线，分别作为起点与终点，然后按照每组3人对幼儿进行分组，三名幼儿分别站在起点、中间与终点位置，三名幼儿之间相隔15米的距离。当教师发出游戏开始的口令时，位于起点位置的幼儿手拿一根接力棒迅速跑到中间位置，并将手中的接力棒交到中间幼儿的手中，然后中间的幼儿又迅速跑到终点位置，将手中的接力棒交到终点位置的幼儿的手中，终点位置的幼儿继续拿着接力棒跑到起点位置。游戏结束。在该游戏中，教师可以适当增加幼儿人数，以进行分组对抗游戏。

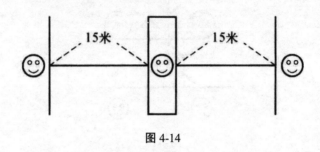

图 4-14

游戏方法二：组织幼儿开展八字跑接力赛。教师先在场地上画一条直线作为起跑线，然后按照图 4-15 所示的方法将两个大呼啦圈放在跑动的路线上。教师将全体幼儿平均分成两组，每一组成纵队站在起跑线的位置上，排头的一名幼儿手拿一根接力棒按照图 4-15 所示的方法绕着呼啦圈进行"8"字跑，最后回到起点位置，将接力棒交给第二名幼儿。后面的幼儿按照此方法反复进行游戏，一直到最后一名幼儿跑回起点位置为止。

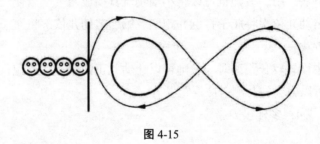

图 4-15

④规则：

在游戏方法一中，幼儿必须在一定的区域内交接接力棒。

在游戏方法二中，幼儿必须绕过呼啦圈进行奔跑。

⑤建议：

幼儿直接接力赛是其进行跑步练习的常用方式之一。在该类游戏中，教师可以适当融入幼儿相互协作与配合的内容，以提高幼儿的竞赛能力。

教师可以适当改变幼儿奔跑的路线，可以将直线跑改成曲线跑、圆形跑、变向跑等，但是要保证路径不能太复杂。

（5）游戏5：圆形接力

①目标：

提高幼儿进行弯道跑的能力，发展幼儿身体的灵敏性。

②玩法：

游戏方法一：教师先按照图4-16的方式在场地上画一个大的圆圈，将幼儿平均分成两组，然后每组幼儿面向外侧，并成一路纵队站在圆圈的直径线上，两组排头的幼儿手拿一根接力棒。当教师发出游戏开始的口令时，排头幼儿迅速按顺时针方向在圆圈的外侧绕着圆圈跑一圈，然后将手中的接力棒交到本组第二名幼儿的手中，自己回到圆圈之内。按照此方法，一直到所有的幼儿完成接力跑为止。

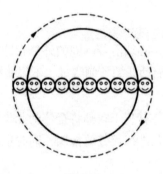

图 4-16

游戏方法二：教师按照图4-17的方式在场地上画一个大的圆圈，然后在圆圈的中间位置画两条相互平行的直线，以将圆圈分开。将幼儿分成人数相等的两组，并要求两组幼儿以纵队的方式站在圆圈之外的一侧，且与圆圈之内的直线对准。当教师发出游戏开始的口令之后，两组排头的幼儿从起点位置出发，沿着自己前面的直线向前跑，到了直线的尽头再沿着半圆弧进行曲线跑，最后回到起点位置，第二名幼儿按照同样的方法继续游戏。如此反复，直到所有的幼儿完成游戏比赛为止。

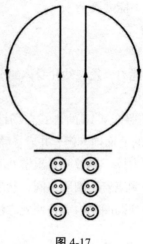

图 4-17

③规则：

在游戏方法一中，幼儿必须沿着圆圈的外侧奔跑，当后面的幼儿要超过前面的幼儿时，其必须从前面幼儿的外侧绕过，不得碰撞、阻碍他人。

④建议：

开展圆形奔跑的游戏，有利于教师将全体幼儿集中在一定的范围之内进行游戏，以便于对所有的幼儿进行很好的控制，同时也有利于增强幼儿的参与意识与兴趣。

圆形奔跑的游戏形式丰富多样，如"猫捉老鼠""丢手绢""切西瓜"等。

2. 跑步教案

（1）教案1：聪明的小矮人

①活动目标：

增强幼儿身体活动的灵敏性。

促进幼儿互动能力的发展。

②活动准备：

1）器材方面的准备

若干个画板、小树图画、巫婆帽子、魔法棒、白雪公主手偶以及长约1米的纸件，相应的背景音乐。

2）场地方面的准备

教师按照图4-18的方式在一片相对宽阔的场地上放置5排椅子，各排椅子之间间隔2—3米的距离，每一排放2把或3把椅子，且每一把椅子之间要保持 2—3 米的距离。然后教师可以带领幼儿一起将贴有小树图画的画板放在每一把椅子上面，并保证每个画板所面向的方向一致，以布置出一片小森林。教师也可以根据幼儿的数量适当增减椅子的数量。

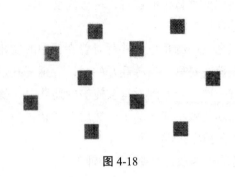

图 4-18

③活动过程：

1）开始部分（7 分钟）

教师拿出白雪公主的手偶，对该游戏进行介绍，并与幼儿之间进行积极交流与互动。然后伴随着《白雪公主》的音乐，与幼儿一起做准备活动。

A. 教师通过白雪公主手偶带领全体幼儿一起做模仿操。例如，可以要求幼儿模仿小矮人集体行走、一起拔萝卜、集体跳舞等动作。

B. 教师手拿白雪公主手偶带领全体幼儿进入提前布置的森林场景中，然后每个幼儿可以在森林中进行自由奔跑，在奔跑的过程中，要注意安全。经过一定的时间之后，教师发出相应的口令，然后全体幼儿一边大声喊着"啊……"的口令，一边迅速跑出森林。看谁能够最先跟上白雪公主。该游戏可以进行 2 次。

2）基本部分（20 分钟）

A. 森林里的小精灵（7 分钟）

教师任意选出两名幼儿站在同一排距离最近的两把椅子上，并要求两名幼儿每人拿一根长纸棒，闭上眼睛，面对面地站立，扮演森林中的小精灵。当教师发出游戏开始的口令时，其他幼儿依次从两人的中间跑过，两名闭着眼睛的幼儿一直不停地用手中的纸棒向下敲打。当下面的幼儿被打中时，就与椅子上的幼儿互换角色，扮演小精灵。最后看谁能安全地通过。在该游戏中，教师也可以适当增加扮演小精灵的幼儿人数，然后分别站在不同的位置，让其他幼儿自主地挑战每一关。在这一游戏过程中，扮演小精灵的幼儿必须闭上眼睛。

B. 救出白雪公主（8 分钟）

规则：

假设白雪公主被老巫婆抓走，此时扮演小矮人的全体幼儿就要一起去救白雪公主，但是在救白雪公主的过程中，不能被老巫婆发现，否则，小矮人也会被老巫婆的魔法棒定住，从而被带走。

a. 游戏组织方法：进行分组练习。幼儿先躲在森林的一端，然后以椅子上的画板为掩护，灵活地变动自己的位置，一边向前跑动，一边注意不被老巫婆发现，直到顺利通过森林为止。

b. 配班老师扮演老巫婆的角色，并背对着森林中的幼儿坐在森林的外面，同时将白雪公主手偶放在身后。当游戏开始时，老巫婆开始念咒语，并且每过一段时间回头向后看一次，当看到没有被掩护的幼儿时，就用手中的魔法棒点一下该幼儿，这样该幼儿就不能再动了，然后继续转过头开始念咒语。最后，在教师的带领下，幼儿救出白雪公主。

C.（连接上一游戏）四散追逐跑（5分钟）

方法：

在规定的范围内，一名教师扮演老巫婆，一名教师扮演白雪公主，扮演小矮人的幼儿在规定的范围内自由奔跑，扮演老巫婆的教师开始追逐幼儿，当小矮人被老巫婆手中的魔法棒点住之后，就原地不动，只有当扮演白雪公主的教师用手中的白雪公主手偶点一下时，幼儿才能恢复行动。一段时间之后，老巫婆跑累了，就离开场地，然后游戏结束。

规则：

老巫婆与白雪公主分别由两名教师扮演，老巫婆不能追逐白雪公主，两名教师应该彼此合作，合理控制幼儿的活动量。

3）结束部分（3分钟）

伴随着《白雪公主》的音乐，白雪公主带领小矮人一起跳舞，以放松自己的肢体。在这一过程中，教师应该注重对幼儿的下肢进行放松，同时还应该强调幼儿要合理调整自己的呼吸。

（2）教案2：雁南飞

①活动目标：

锻炼幼儿跑步的能力，并提高幼儿听口令做出反应的能力。

②活动准备：

器材方面的准备：一个海绵球，可以自己制作，即先用纸将小石子包住，然后再在外面裹上海绵，最后用透明胶布紧紧缠住；相应的背景音乐。

场地方面的准备：教师按照图4-19所示的方法在场地上画一个长约12米、宽约6米的长方形场地，然后在长方形中画两条对角线。

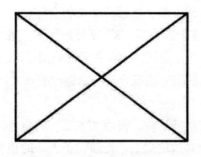

图 4-19

③活动过程：

1）开始部分（5 分钟）

幼儿随机地集中在一起，并站在教师的周围，然后教师开始引出主题。

A. 在教师的带领下，幼儿站在原地模仿大雁飞行的动作，两只手臂侧平举，并且上下摆动。

B. 在轻缓的音乐声中，教师开始带领幼儿从原地模仿转变为一边小跑一边模仿。教师站在全体幼儿的前面，然后随着音乐的节奏做出相应的模仿动作，幼儿在教师的身后跟随者教师的动作进行模仿练习。在这一过程中，教师要合理控制模仿动作的速度与幅度，动作速度要由快到慢，动作幅度要由小到大。

小跑动作多种多样，如直线小跑、曲线小跑、原地转圈跑、半蹲小跑等。

C. 在教师的带领下，幼儿成一路纵队站立，并跟着教师沿着长方形场地进行绕场走，并且两只手臂要自然摆动。

2）基本部分（22 分钟）

A. 走步队形的变换（6 分钟）

教师将全班幼儿平均分成两个组，然后主班教师与配班教师一起，带领幼儿在长方形场地内，结合对角线练习各种队形走。组织方法为两组对称行走。

a. 分组同步绕着两种对应的三角形行走，看看能走出多少个三角形。

b. 分组同步沿着斜线进行"开花走"，也就是说在交叉点位置，两队分别向两侧分开。

c. 分组同步依次交叉走，也就是在中间交叉点位置，每组幼儿仍然保持直线行走，一方通过一名，另一方再通过一名，如此反复进行。

d. 对角同步走，也就是从上下对应角出发，走向交叉点的变换，方法同 c。

B. 跑步队形的变换（8 分钟）

a. 在幼儿基本掌握走步队形走的前提下，按照上述方法进行各种分组跑练习。在这一过程中，教师要合理控制幼儿的跑动速度。

b.将两组幼儿合并成一组，然后教师带领全体幼儿在长方形场地中的直线上进行直线跑、"V"字形跑或者"8"字形跑练习。最后以向内螺旋式跑动的方式来结束游戏。全体幼儿密切集中在教师的周围。该游戏可以进行2—3次，并且教师应该根据幼儿的实际情况合理控制每次游戏之间的休息时间。

C.打大雁（8分钟）

全体幼儿站在长方形场地内，扮演"大雁"的角色，主班教师与配班教师分别站在长方形的两个对边位置上，扮演"猎人"的角色，并且其中一名教师手中拿一个海绵球。教师发出游戏开始的口令时，所有幼儿在长方形场地内向两端的位置奔跑，此时教师开始用手中的海绵球来击打幼儿，如果没有打中幼儿，另一名教师开始捡起海绵球继续击打幼儿，当有幼儿被打中时，其就要退出场地，走到场地之外等待被救，只有当场地内的幼儿接住一次海绵球时，场外的一名幼儿才能进入场内参加游戏。如果幼儿不能接住海绵球，教师可以要求被击中的幼儿来扔掷海绵球。该游戏方法与"打沙包"相同。

3）结束部分

A.在教师的带领下，全体幼儿在长方形场地内模仿大雁飞行的动作来对自己的肢体进行放松。

B.伴随着轻松缓慢的音乐，全体幼儿跟随着教师一起做深蹲、踢腿、抖动身体等动作来进行放松。

三、跳跃教育

（一）跳跃教育基本知识简介

跳远的动作内容十分丰富，跳跃活动对幼儿的身体发展具有非常重要的作用。它是一种深受幼儿喜爱的活动，同时也是幼儿参与日常活动的一项基本技能。对于幼儿而言，跳跃活动练习具有一定的挑战性。开展幼儿跳跃教育，能够有效促进幼儿下肢力量、弹跳能力以及身体素质的增强。

1.目标

①在发展幼儿跳跃基本动作的基础上，进一步丰富跳跃活动的形式与内容，循序渐进地增加跳跃动作的难度，以对幼儿的下肢力量以及身体的协调性与灵敏性进行有效的锻炼。

②使幼儿学会几种基本跳跃动作技能，提高练习难度，增加其自我练习的机会。

③锻炼幼儿借助器材来进行跳跃活动的能力，增强幼儿跳跃动作的连贯性

与稳定性。

④通过各种形式的跳跃活动，进一步增强幼儿的跳跃能力。

2. 跳跃的特点和基本要求

①一个完整的跳跃动作主要包括四个阶段，即准备阶段、起跳阶段、腾空阶段以及落地阶段。其中，准备阶段的动作主要包括助跑和原地起跳两种。起跳阶段对于幼儿跳起的速度与角度非常重要，良好的起跳动作能够增加身体的跳起速度，并使身体获得更加合适的跳起角度。腾空阶段的动作对于身体在空中的平衡性以及落地时的稳定性至关重要。落地阶段的动作强调使身体得到一定的缓冲，并且还要保持身体的平衡性。

②在跳跃活动中，全身各个部位的动作要相互协调与配合，既要求下肢部位要迅速地做出屈伸反应，又要求上肢的摆动与腰腹部位的屈伸要互相配合。

③在跳跃活动中，一般注重跳跃的高度与远度，跳得越高越远越好，同时还注重身体的协调性，注重单脚与双脚向前跳的能力等。

4. 跳跃练习的内容

（1）跳跃基本动作的练习

根据跳跃基本动作的特点及幼儿的年龄特点，在幼儿园中以基本动作为基础的跳跃活动主要有并腿纵跳、并腿向前跳、并腿夹物跳、并腿变向跳、并腿不同方位跳、分腿深蹲跳、单脚跳等方式。

（2）跳跃基本动作技能的练习

跳跃的基本动作技能是在基本动作基础之上形成的动作能力，此动作技能非常丰富，在幼儿园中主要包括单双脚转换跳、单脚跳、向下跳、抱膝纵跳、双脚变换跳、分腿跳、跑跳、助跑跨跳、立定跳远、跳皮筋、跳绳、手臂支撑跳跃等方面的学习。

5. 各年龄段跳跃练习的主要内容

（1）小小班

对于小小班的幼儿而言，其跳跃动作相对简单，主要包括双脚原地向上跳、短距离双脚连续向上跳等。

（2）小班

对于小班的幼儿而言，其跳跃动作的难度相对于小小班大一点，动作的内容主要包括较长距离的双脚连续向前跳、原地纵跳并用头触物、双脚跨跳某一障碍物等。

（3）中班

对于中班的幼儿而言，其跳跃动作的难度相对于小班又大一点，其跳跃动作的内容主要包括原地纵跳用手触物、单脚连续向前跳、双脚交替跳、助跑跨跳过较远距离、由较高处往下跳等。

（4）大班

对于大班的幼儿而言，其跳跃动作的难度相对于中班又更大一点，其跳跃动作的内容主要包括行进向前侧跳、不同方向的变向跳、转身跳、助跑跨跳、跳皮筋、跳蹦床等。

（二）运动实践部分——跳跃的教育

1. 跳跃游戏

（1）游戏1：跳新房子

①目标：

增强幼儿的下肢力量，提高幼儿身体的协调性。

②准备：

若干个用硬纸板制成的形状各异的框架，如圆形框架、长方形框架以及正方形框架等，若干个用卡纸制成的方向标。

③玩法：

第一步游戏：教师按照图4-20所示的方式将形状不同的框架拼接在一起，然后提前规定幼儿在长方形框架内进行双脚跳，在正方形框架内进行单脚跳，在圆形框架内进行双脚转身跳。教师将幼儿平均分成两个小组，并分别成两路纵队站在第一个框架后，然后组织两组幼儿以规定的方式依次跳过每一个框架。在这一过程中，教师应该根据练习密度的要求，合理控制前后两名幼儿之间的距离，以保证幼儿不会等待太长的时间。

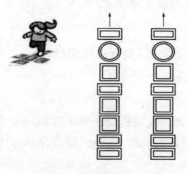

图 4-20

第二步游戏：教师按照图 4-21 所示的方式将相同的长方形框架拼接成若干条互相平行的直线，然后在每一个长方形框架内放一个方向标，将幼儿分成与平行直线数量相等的若干个小组，然后组织幼儿根据方向标的要求，以双脚踏的方式来进行并脚向前跳、转体 90°跳、转体 180°跳、侧向跳等各种姿势的变向跳跃练习。在这一游戏过程中，教师可以根据幼儿的实际情况设计难度适宜的路线。

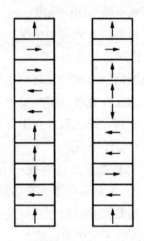

图 4-21

④规则：

根据具体的要求进行各种姿势的跳跃。

在上述游戏过程中，幼儿与幼儿之间应该保持一定的距离，以免相互碰撞。

⑤建议：

在这类游戏中，教师可以灵活改变游戏形式。例如，可以通过改变图形框架的顺序，来组合出不同的直线；可以改变整体图形的方向；通过对方向标的改变调整游戏的难度与要求。在该游戏中，教师应该根据幼儿的具体能力情况合理安排游戏的方式。

教师也可以将硬纸板剪成方向不同的脚印，使幼儿对准脚印进行跳跃。教师可以将硬纸板剪成双脚印或者单脚印。

以纸盒制作的跳房子，教师应注意纸盒的高度，在选择和摆放过程中，由低到高进行布置，同时纸盒由大到小进行放置，不断挑战幼儿并脚跳跃的能力。

（2）游戏 2：高山滑雪

①目标：

增强幼儿侧向跳跃的能力，发展幼儿对身体的控制能力。

②准备：

若干条橡皮筋和低矮的长凳。

③玩法：

第一步游戏：教师先将橡皮筋拉成一条直线并固定在地面上，然后按照图4-22所示的方式组织幼儿成一路纵队斜着站在橡皮筋的一端，然后全体幼儿用双脚侧向跳的方式，依次从橡皮筋的一侧跳到橡皮筋的另一侧，然后再跳回到原来的一侧。按照这样的方式不断地向前跳进，最终跳到橡皮筋的另一端。

第二步游戏：教师可以根据幼儿的能力情况，将橡皮筋抬到适宜的高度，按照上述第一步游戏的方法依次进行练习。

第三步游戏：开展滑雪跳活动。在幼儿基本掌握上述第二步游戏中的动作的基础上，教师可以让全体幼儿在宽敞空旷的场地上进行自由练习。教师可以要求全体幼儿成半蹲姿势，两脚并拢，双手背于身后，然后模仿高山滑雪的动作进行左、右交替向前跳跃的动作练习。

第四步游戏：将若干条低矮的长凳连接成一条直线，教师按照图4-22所示的方法来组织幼儿进行游戏。教师可以要求全体幼儿身体背对着行进的方向，然后用两只手支撑着长凳，用双脚并跳的方式，从凳子的一侧跳到另一侧。按照这一方法反复进行，使全体幼儿依次向后跳。

图4-22

④规则：

幼儿与幼儿前后之间要保持一定的距离，以免相互碰撞。

⑤建议：

在第二步游戏中，教师可以根据幼儿的能力情况，逐渐增加橡皮筋的高度，以不断增加幼儿练习的难度。

在上述游戏活动中，教师可以融入不同方位的跳跃组织幼儿进行侧向跳练习，以更好地发展幼儿对重心的控制能力。

（3）游戏3：魔法棒

①目标：

增强幼儿下肢力量，促进幼儿下肢协调能力的发展。

②准备：

若干个长度相同的纸棒，可以自己制作，即将比较硬的大纸卷成纸棒，然后用透明胶带缠住纸棒。

③玩法：

第一步游戏：教师可以带领幼儿按照图4-23所示的方法将若干个纸棒按照距离不断递增的方法摆放在地面上，可以多摆放几组。教师将幼儿分成与纸棒组数相等的几个小组，各小组成一路纵队站在各组纸棒的后面，然后以双脚连续跳的方式依次跳过该组的所有纸棒。在该游戏中，教师可以根据幼儿的能力情况，适当调整纸棒之间的距离，以设计出难度不同的各组游戏，然后由幼儿自己选择在哪一组纸棒进行游戏。

第二步游戏：教师组织全体幼儿成一路纵队站立，然后教师手中拿一根纸棒站在队列的前面，根据幼儿的能力不断调整纸棒的高度，使幼儿依次从纸棒上跳过去。当所有幼儿完成后，教师可以再一次增加纸棒的高度，以不断增加游戏的难度。

第三步游戏：教师组织全体幼儿成一路纵队站立，彼此之间间隔一定的距离，并站在原地保持不动。此时教师手拿一根纸棒，依次经过每名幼儿，幼儿只需要在原地跳过纸棒即可。在这一游戏中，教师可以要求幼儿根据纸棒的高度灵活选择跳跃的方式。例如，如果纸棒高度比较低，那么幼儿可以直接跳过；如果纸棒高度较高，那么幼儿可以下蹲直接钻过纸棒。在这一过程中，教师应该合理控制纸棒的移动速度。

第四步游戏：教师按照图4-24所示的方法将纸棒夹在两名幼儿膝盖的后面，组织幼儿进行携手单脚跳练习，该游戏方法具有较大的难度，因此，在正式开始游戏活动之前，教师可以先让幼儿进行自由练习。当幼儿熟练掌握这一方法动作后，则可以开展分组对抗比赛活动。

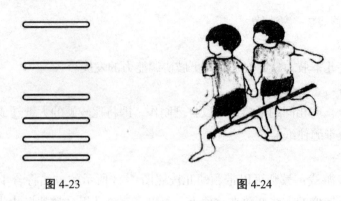

图 4-23   图 4-24

④建议：

运用纸棒进行跳跃练习的方式十分丰富。例如，组织幼儿开展骑马、左右跳跃等动作的练习。其中，骑马练习就是将两条腿跨在纸棒上进行并跳练习；左右跳跃练习就是将纸棒放在地面上，然后组织幼儿在纸棒的两侧进行左右反复跳跃练习。教师可以根据幼儿的实际情况合理设计难度与形式不同的跳跃游戏。

（4）游戏 4：跨过山沟沟

①目标：

增强幼儿的下肢力量，提高幼儿对身体进行控制的能力，同时增强幼儿身体的耐力。

②准备：

若干个呼啦圈。

③玩法：

游戏方法一：进行占圈练习。教师按照图 4-25 所示的方法将若干个呼啦圈任意放在地面上，且要保证呼啦圈的数量要比参与游戏的人数多数 3—4 个。在摆放呼啦圈的过程中，教师应该根据幼儿的能力情况，合理控制每个呼啦圈之间的距离。每个呼啦圈内只能容纳一名幼儿。组织全体幼儿站在呼啦圈内进行自由的纵跳练习。当游戏开始时，每名幼儿开始寻找空的呼啦圈，并跨入其中，同时各个幼儿之间也可以相互交换位置。该游戏开展的时间不宜太长，因此，教师应该合理控制幼儿的游戏时间。

图 4-25

游戏方法二：教师按照图 4-26 所示的方法在场地的四个方位分别画出 4 个山坡，并在各个山坡之间画出 4 条距离不等的山沟沟，4 个山沟沟的宽度由小到大，各不相同。

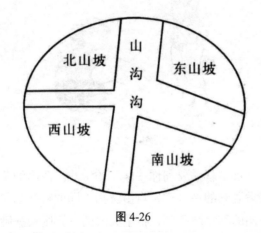

图 4-26

④规则：

在游戏方法一中，每个呼啦圈内只能容纳一名幼儿，幼儿之间不能相互抢占呼啦圈。

在游戏方法二中，幼儿之间尽量不要相互碰撞。

⑤建议：

上述游戏方法都对游戏的秩序没有特别严格的要求，都注重幼儿之间的彼此协作与配合。教师需要在对幼儿的能力情况进行充分掌握的情况下，开展此类游戏。

（5）游戏5：两个好朋友

①目标：

增强幼儿之间进行对抗的能力，增强幼儿身体的灵活性。

培养幼儿自主参加游戏的能力。

②玩法：

游戏方法一：进行跳起击掌游戏。教师按照图4-27所示的方法组织游戏，即两名幼儿面对面地站立，其中一名幼儿迅速下蹲并击掌一次，另一名幼儿同时迅速向上纵跳，并且双手配合在头顶击掌一次。两人互换角色。按照此方法反复进行游戏。

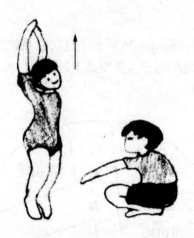

图 4-27

游戏方法二：开展"就是要和你一样"的游戏。两名幼儿面对面地站立，然后相互猜拳，猜拳胜利的一方开始自由选择不同的跳跃动作，如向上跳、转体并脚跳、不同方向的移动跳跃等，猜拳失败的一方则根据胜利一方所指定的动作进行模仿。例如，教师也可以按照图4-28所示的方法要求幼儿进行转体跳练习。

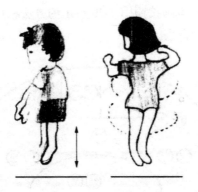

图 4-28

游戏方法三：两名幼儿面对面地用单脚支撑站立。当教师发出游戏开始的口令时，两名幼儿开始同时一边单脚跳跃，一边用双手推对方的身体，也可以用自己的身体碰撞对方，直到其中的一方双脚都着地为止，双脚先落地的一方则为失败的一方。

游戏方法四：组织幼儿开展猜拳跨步跳跃练习。两名幼儿并列站在起跑线的位置上，然后开始进行猜拳，胜利的一方从起跑线出发，向前跨跳一步，失败的一方则原地不动。按此方法反复进行，直到其中一名幼儿先到达终点为止。先到终点的幼儿即胜利的一方。

③建议：

教师在设计、组织幼儿的游戏时，应该注意以下几个方面。

可以不借助器材，如果要借助器材，就应该考虑器材是否容易获得。

要保证游戏活动具有较强的可操作性。

游戏的强度不宜太大，但是要保证有一定的对抗性。

游戏要有一定的胜负结果。

2. 跳跃教案

（1）教案 2：神气的跳跳糖

①活动目标：

增强幼儿下肢的爆发力，提高幼儿身体的协调能力。

增加幼儿对跳跃活动的乐趣，增强幼儿多人协作的能力。

②活动准备：

器材方面的准备：若干个垫子与跳跳糖。

场地方面的准备：教师按照图 4-29 所示的方法在场地上画 6—7 米左右长的椭圆形；相应的背景音乐。

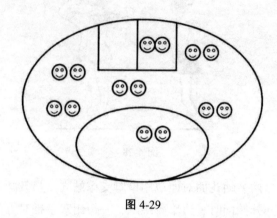

图 4-29

③活动过程：

1）开始部分（5 分钟）

A. 在音乐的伴奏下，在教师的带领下，全体幼儿在地面的图形中进行一系列的走步练习、跑动练习与跳跃练习。例如，可以沿着曲线进行跑动练习，也可以在曲线的内外进行跳进与跳出练习等。

B. 教师要求两名幼儿进行随机组合，并自由地站在场地上，等待教师的口令进行统一动作练习。

教师可以组织各组幼儿开展身体触碰游戏，如好朋友握握手、好朋友击击掌、好朋友碰碰头、好朋友撞撞屁股、好朋友抱一抱、好朋友顶顶肩、好朋友踢踢脚等游戏，其中好朋友顶顶肩的游戏动作就是要求两名幼儿面对面地站立，用一侧肩膀轻轻地碰撞对面幼儿的同侧肩膀，好朋友踢踢脚的游戏动作就是要求两名幼儿用一边的脚踢同伴的另一只相同的脚。

2）基本部分（21 分钟）

A. 感受跳跃（3 分钟）

在教师的带领下，全体幼儿进入椭圆图形中，然后为每一名幼儿分发跳跳糖进行品尝，然后引导幼儿通过自己的肢体动作来表达尝到跳跳糖的感受。

教师拍手，并同时喊出一声"啪"，幼儿迅速向上纵跳，比一比谁跳得最高。然后按照此方法进行反复练习。

B. 两人协同跳（9 分钟）

游戏方法一：在教师的统一口令下，全体幼儿进行有节奏的游戏。教师先让幼儿自由地进行两两组合，并要求两名幼儿面对着面，手拉着手进行向上纵跳动作的练习，而且强调两名幼儿的动作要尽量同步。完成这一动作的练习后，开始组织两名幼儿手拉着手向同一个方向进行旋转跳跃练习，然后换另一个方向进行跳跃练习。

游戏方法二：教师要求两名幼儿面对面地站立，其中一名幼儿拍手，并同时喊出一声"啪"的口令，另一名幼儿迅速向上进行纵跳练习。然后两名幼儿互相交换角色。按照此方法反复进行练习。完成这一动作的练习后，幼儿在向上纵跳的过程中，可以在腾空动作中融入转体跳跃动作，然后互换角色练习。按此方法反复进行。

游戏方法三：两名幼儿面对面地站立，其中一名幼儿坐在地面上，双腿伸直平放于地面上，当双腿张开时，另一名幼儿迅速跳入，当幼儿双腿紧闭时，另一名幼儿迅速跳出。然后两名幼儿互换角色，反复进行游戏。

（注：教师在组织幼儿参加不同游戏时，应该根据实际情况，合理控制幼儿参加游戏的密度。）

C. 跳过我的背（6分钟）

教师将幼儿分成人数相等的两个组，并成纵队站立，然后在每一组中选择一个身高适中的幼儿侧对着其他幼儿蹲在地面上，扮演"小山羊"，并在该名幼儿的前面放一个软垫，然后由两名教师分别对两组的"小山羊"进行保护。游戏开始时，每组幼儿依次从"小山羊"的背上跨跳过去。具体方法为幼儿将双手撑在"小山羊"的背上，然后将两腿分开，用力向上跳起并跨过"小山羊"的背部。在该游戏过程中，教师应该不断更换扮演"小山羊"的幼儿。幼儿在起跳的过程中，要做到快速有力。

D. 快乐的跳跳糖（3分钟）

教师组织幼儿围成一个圆圈，然后要求幼儿通过并脚跳的方式同时向圆圈的中央进行跳跃，当教师拍手并发出"啪"的一声后，全体幼儿同时迅速地向后跳到原来的位置。按此方法反复进行游戏。

3）结束部分（4分钟）

在教师的要求下，任意两名幼儿自由组合，进行相互摩擦的游戏。例如，可以互相拍拍肩膀，互相拍拍背，互相摸摸脊椎骨。另外，教师也可以带领全体幼儿自己捶捶双腿、提提双脚，或者蹲一蹲，以对肢体进行放松。

（2）教案2：快乐的小松鼠

①活动目标：

提高幼儿的下肢力量，增强幼儿身体的协调性与灵敏性。

培养幼儿对跳跃活动的乐趣，促进幼儿相互之间协同合作能力的发展。

②活动准备：

若干个长约 1 米的橡皮筋和小塑料圈。

③活动过程：

1）开始部分（6 分钟）

A. 教师将全体幼儿平均分成两组，使之成两路纵队站立，每人手中拿一根长约 1 米的橡皮筋，并且左右手各执橡皮筋的一端。每一队幼儿之间应该间隔一定的距离，教师站在幼儿排头的位置，带领幼儿站在场地边缘。伴随着《松鼠小宝宝》的音乐，教师与全体幼儿一起按照一定的节奏进行小跨跳练习。

动作方法：幼儿左脚迅速地向左前方跨跳一步，然后右脚迅速跟上并向左脚靠拢。然后换脚练习，右脚迅速向右前方跨跳一步，然后左脚迅速跟上并向右脚靠拢。幼儿的每一个动作都要踩准一个节拍。

在刚开始练习时，教师也可以要求幼儿在左右脚并拢后停一个节拍，以便于幼儿有足够的时间进行调整。然后教师带领全体幼儿进入场地，并成两列横队站立，按照体操的队形均匀地散开，同时要面对着教师。

B. 幼儿将手中的橡皮筋进行对折，然后开始做皮筋操：

a. 组织幼儿进行手腕练习，也就是要求幼儿向前伸直双臂，并通过手腕的活动，将双手中的橡皮筋向前、向后进行绕动。

b. 组织幼儿进行扩胸练习。

c. 组织幼儿进行踢脚练习。

d. 组织幼儿进行踩踏练习，也就是要求幼儿双手拿着橡皮筋的两端平放于地面上，然后双脚以此踩在橡皮筋的中间，最后用双手将橡皮筋提起；

e. 组织幼儿进行腰部练习。

f. 组织幼儿进行跳跃练习，也就是要求幼儿将皮筋放在地面上，组织幼儿结合橡皮筋进行各种形式的跳跃练习。

2）基本部分（21 分钟）

A. 小松鼠的本领（12 分钟）

结合一根橡皮筋进行跳跃练习：组织幼儿将双脚或者单脚踩在皮筋上进行跳跃练习。教师将幼儿分成人数相等的两组，并且为每一组幼儿分发一根橡皮筋，教师任意选出两名幼儿手执橡皮筋的两端，将橡皮筋拉着，并拉到一定的高度。其他两组幼儿按照图 4-30 所示的方法分别站在橡皮筋的外侧。然后根据教师的口令进行跳跃练习。当教师发出"双脚跳"的口令时，全体幼儿同时跳起并踩在橡皮筋上，看看谁踩得又准又稳。失败的幼儿则与手拿橡皮筋的幼儿互换角色。按照这一方法反复进行练习。教师可以根据幼儿的能力情况，适当调整皮筋的高度，使幼儿完成不同高度的练习。当完成双脚跳练习后，幼儿再按照上述方法单脚跳练习。之后就可以将双脚跳与单脚跳结合起来进行练习。

图 4-30

组织幼儿连续踩踏橡皮筋进行跳跃练习：教师按照图 4-31 所示的方法将幼儿分成若干小组并成几路纵队站立于第一条橡皮筋的外侧。当教师发出开始的口令后，幼儿通过双脚跳的方式向前跳跃，看谁能够又准又稳地踩在每根橡皮筋上。

图 4-31

建议：

教师可以从第一根橡皮筋开始，使后面的每一根橡皮筋都可以在前一根橡皮筋的基础上再适当地增加一定的高度，以设计出不同的游戏难度，从而更好地锻炼幼儿的跳跃能力。教师也可以将橡皮筋围成一个正方形，然后组织幼儿进行跳跃练习。

组织幼儿进行多样跳练习：在连续踩踏橡皮筋进行跳跃练习的基础上，教师可以组织幼儿按照以下几个方法进行练习。

a.组织幼儿连续跨跳过每一根橡皮筋进行跳跃练习。

b.组织幼儿通过并脚侧向跳的方式跳过每一根橡皮筋。

c.组织幼儿通过单脚踩踏跳或单脚跳过的方式进行跳跃练习。在这一过程中，教师可以通过分组轮换的方式，以保证幼儿有足够的休整时间。

B.小松鼠运果果（9分钟）

两名教师按照图4-32所示的方式手执橡皮筋的两端，将橡皮筋拉直，然后将一个小塑料圈套在橡皮筋上，将小塑料圈放在橡皮筋的一端，之后将橡皮筋调整到一定的高度，以保证幼儿能够跳起用手触碰到小塑料圈。教师将幼儿平均分成两组，并使其各自成一路纵队站于橡皮筋的两端。当教师发出游戏开始的口令时，一队排头的幼儿开始迅速向上纵跳，并用手向前拨打小塑料圈，使其向前移动，一直到小塑料圈被打到另一端的位置时停止。然后每一队的第二名幼儿按照上述方法继续进行游戏。如此反复进行游戏。在该游戏方法中，教师也可以通过分组对抗的方式进行。

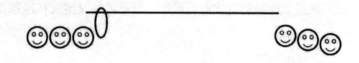

图 4-32

教师将幼儿平均分成两组，并使各组成一路纵队站立，每一队排头的幼儿用脚将小塑料圈钩住。当教师发出游戏开始的口令时，排头的一名幼儿开始用单脚跳的方式向身后跳转，然后将小塑料圈传给第二名幼儿。第二名幼儿按照同样的方法将小塑料圈传给第三名幼儿。如此反复进行游戏，看哪一组能够又快又好地完成游戏。由于该游戏具有一定的难度，因此，幼儿可以用手接过小塑料圈，并将其套在自己的脚上，如此进行游戏，以适当降低游戏的难度。

3）结束部分（3分钟）

教师可以通过"我是橡皮筋"这一游戏来对幼儿进行放松练习。教师组织幼儿先将双手手臂尽力向上举，然后快速放下，坐在地面上进行放松。按此方法反复进行练习。

第二节 投掷类游戏

一、投掷教育基本知识简介

投掷类游戏对于增强幼儿的上肢肌肉力量与身体协调能力具有十分重要的作用，同时也是锻炼幼儿通过器材来对投掷物进行有效控制的一种重要方法。在投掷类活动中，个体需要充分调动自己的手臂、腰部、腹部、腿部等身体部位的关节与肌肉，同时还需要借助自己的视觉运动能力，是一种广受幼儿喜爱的体育项目。

（一）目标

①通过多种形式的投掷类游戏，结合多样化的器材，不断促进幼儿上肢爆发力与协调能力的提升，并增加幼儿对投掷类游戏的兴趣。

②在幼儿阶段的投掷类活动中，其主要强调先对幼儿的投远动作进行发展，然后在此基础上对幼儿的投准能力进行发展。

③将投掷动作与其他多种形式的动作结合起来，以逐步提高幼儿对投掷动作的运用能力，从而进一步强化幼儿的投掷能力。

④要求幼儿掌握几种基本的投掷游戏，并最终能够自主进行投掷游戏。

（二）投掷的特点和基本要求

投掷动作通常包括投远动作与投准动作两个部分。

①掷远动作强调将手中的投掷物最大限度地投向远处，要求投掷得越远越好。该动作主要强调速度与力量的结合。规范合理的投掷动作与投掷角度对投掷的距离有着很大的影响。

②投准动作强调将手中的投掷物尽可能地投到指定的位置。在投准动作中，既需要个体有着良好的目测能力，需要个体能够对肌肉力量进行合理的控制，又需要个体能够对投掷物的时间与空间要素进行很好的把握。

③对于小班、中班和大班的幼儿而言，其投掷动作的发展情况及其训练内容都有着很大的差异性。因此，教师在发展幼儿投掷能力的过程中，应该根据幼儿的实际情况进行具有针对性的训练，并且严格遵循循序渐进的原则。

（四）投掷练习的内容

投掷动作的练习方法丰富多样，主要有单手肩上投掷、单手肩下投掷、双手肩上投掷、双手胸前投掷、双手肩下投掷。

1. 投掷基本动作的练习

根据投掷的基本动作特点及幼儿的年龄特点，在幼儿园中，以基本动作为基础的投掷活动主要包括双（单）手推掷、双手向前（后）抛滚、单手向前抛滚、双（单）手上抛、单（双）手肩上向前（后）抛掷、单（双）手转体侧向投掷等。

2. 投掷基本动作技能的练习

投掷的基本动作技能在基本动作的基础之上，强调投掷结果的最大有效性，且对动作的科学性有更高要求。教师同时还应了解幼儿的年龄特点，寻求合理的方式，不断发展幼儿的各种投掷技能，主要包括单手肩上投掷、单手屈臂投掷，以及专项篮球运动中的双手胸前投掷等。

（五）投掷的器材

在投掷活动中，所使用的器材也是丰富多样的，主要的器材有沙包垒球、实心球、海绵球、羽毛球、乒乓球、各种大小的皮球、三角球、气球、毽子、塑料制品（飞碟、塑料圈等）、纸制物品（纸飞机、纸棒、纸片、纸团等）、木棒、扎起的绳索及各种自制器材等。

（六）各年龄段投掷练习的主要内容

1. 小班

对于小班幼儿而言，其投掷练习的内容一般比较简单，主要是将手中的投掷物自然地向前上方抛或者挥臂向远方抛，该阶段的投掷器材主要为小沙包、小球等。

2. 中班

对于中班幼儿而言，其投掷练习的内容相对于小班而言难度稍微有所增加，主要包括肩上掷远、打雪仗、击打前方目标以及滚球击物等。

3. 大班

对于大班幼儿而言，其投掷练习内容的难度又稍微比中班大一点，投掷内容主要包括半侧向转体肩上掷远、将小物体投进目标物内、投篮、打靶、用小圈套前方的物体等。

二、运动实践部分——投掷的教育

（一）投掷游戏

1. 游戏1：抛得高——接得准

①目标：

培养幼儿对器材进行合理控制的能力。

培养幼儿的手眼协调能力，提高幼儿对器材的时间与空间进行判断的能力。

②准备：

若干个自制抛接器、自制纸球和自制网兜，抛接器的制作可以按照图 4-33 所示的方法进行，先将饮料罐的上半部分剪掉，然后用火烫断口处，接着用一根长线或者皮筋将饮料罐与纸球连接在一起。网兜可以按照图 4-34 所示的方法进行制作，先用一根较硬的铁丝制成一个框架，然后将网线交叉使其连接成一个网。

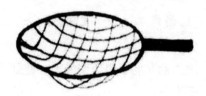

图 4-33　　　　　　　　　　　　图 4-34

③玩法：

游戏方法一：在教师的带领下，全体幼儿自由地站在场地中，每人手中拿一个抛接器，进行自由练习。在刚开始练习时，教师可以适当减小绳子或者皮筋的长度，当幼儿能够熟练使用抛接器后，再逐渐增加绳子或者皮筋的长度。

在使用抛接器练习时，随着幼儿投掷能力的不断增强，教师可以不断增加抛接的动作内容。可以采用向上直接抛接—向侧面抛起—移动中接球—抛物线接球—抛接中换手等顺序来进行。当抛接器中用的是皮筋时，教师可以充分利用其弹性力量，将平行抛接等方法运用到其中进行练习。

游戏方法二：按照游戏方法一中的组织方法来组织活动。教师可以要求每名幼儿一只手拿着一个纸球，另一只手拿着一个网兜。一只手将手中的纸球垂直向上抛起，然后另一只手用手中的网兜将纸球接住。在具体的练习过程中，教师可以要求幼儿不断增加纸球抛起的高度。当幼儿能够熟练掌握这一抛接动作时,教师可以融入一些身体动作的变化来进行游戏。例如,可以采用转圈接球、身后接球、移动接球、改变手臂高度接球等方法进行。

④建议:

上述游戏方法主要强调幼儿单独进行抛接动作的练习。相对于网兜接球,运用抛接器进行练习的难度稍微小一些,因此,教师可以按照幼儿的能力进行循序渐进的练习,也可以通过分组的方式来组织幼儿进行交换练习。

可以将抛接器的绳子或者皮筋取掉,然后像网兜抛接球一样进行各种动作的练习。

制作网兜的器材可以用其他器材来代替。例如,可以用铁衣架来制作网兜的框架,可以用装球的球兜来制作网兜的网。

幼儿的能力相对较弱,反复练习有利于幼儿对物品物理性质进行理解,也有利于其感觉器官的发展,同时对于精细动作也有很好的促进作用。教师在组织此类活动时,应给予幼儿更多成功的机会,使之在自信的基础之上,提高反复练习的兴趣。在设计以上材料时,教师须注意抛接器口径的大小、长短,使用短绳或皮筋的长短等,以及网兜直径的大小、网线的松紧等方面的问题。

2.游戏2:小小皮球抛起来

①目标:

增强幼儿的手眼协调能力,使幼儿能够更好地控制器材。

②准备:

若干个小皮球。

③玩法:

如图4-35所示。

第一步游戏:组织学生开展自抛自接的游戏。在教师的带领下,全体幼儿自由地站在场地中,并且每名幼儿手中拿一个小球,当教师发出游戏开始的口令时,幼儿将手中的小球向上抛起,然后用手接住。在这一过程中,教师可以要求幼儿逐渐增加抛球的高度,最后看谁将球抛得高且接得稳。

第二步游戏:在第一步游戏的基础上,教师可以要求幼儿将球抛向空中,之后双手迅速鼓掌,看谁鼓掌的次数最多且最终又能稳稳地接住球。

第三步游戏:组织幼儿开展用一只手抛球、另一只手接球的游戏。该类抛接游戏的动作十分丰富,可以进行垂直抛接,也可以进行从左向右或者从右向左的抛接,如图4-35所示。当幼儿能够熟练掌握该游戏动作时,教师可以要求幼儿逐步增加两只手臂之间的距离，也可以不断增加抛球的高度，从而逐步增加该游戏动作的难度。

第四步游戏：教师组织全体幼儿在自己的周围围成一圈，并面向自己，然后教师手拿一只球。当游戏开始时，教师将球垂直向上抛起，与此同时教师随意喊出一名幼儿的名字，然后该幼儿迅速跑到圈内接住球。在这一过程中，教师可以允许球落地一次弹起，然后再接住球。然后该名接住球的幼儿像老师那样开始将球垂直向上抛起，继续按照之前的方法进行游戏。

图 4-35

④规则：

在第四步游戏中，抛球者必须保证将球垂直向上抛起，如果抛得不够直，就重新抛一次。

幼儿正确完成抛球的动作之后，迅速回到自己的位置上。

⑤建议：

第四步抛接球的游戏，在刚开始时，可以组织 3—4 个人进行游戏。

抛接球的练习对于幼儿来说是较难的手眼协调动作，教师在组织此类活动时，可以让幼儿进行更多的自我尝试，球抛起时不宜太高，应允许球落地后再接住。

3. 游戏 3：水也可以投掷

①目标：

提高幼儿投掷的准确性，并培养幼儿对投掷活动的兴趣。

②准备：

若干个小塑料杯、装有水的水桶以及软塑料小鸭子，两个大水盆。

③玩法：

第一步游戏：教师先按照图 4-36 所示的方法将两个大水盆与若干个水桶放在地面上，然后在大水盆的附近画两条间隔一定距离的平行直线，其中靠近水盆的直线与水盆大约间隔 1 米左右的距离。教师将幼儿分成人数相等的两个大组。然后为每名幼儿分发一个小塑料杯。当游戏开始时，各组幼儿依次从水桶中舀水，然后站在距离水盆比较近的一条线上，然后将水泼到大水盆中。按照这一方法反复进行，直到所有幼儿都完成游戏为止，最后看看哪一组水盆中水的高度最高。

第二步游戏：按照第一步游戏的方法组织游戏。教师为每名幼儿分发一只软塑料小鸭子。教师要求两组幼儿分别站在离大水盆比较远的一条线上。当游戏开始时，两组幼儿同时进行游戏，然后各组幼儿依次将手中的小鸭子放入大水盆中，当到达规定的时间之后，游戏结束，全体幼儿开始停止手中的动作，最后看看哪一组水盆中的小鸭子数量最多。

第三步游戏：教师仍然将幼儿分成人数相等的两个大组，仍然为每名幼儿分发一只小塑料杯，然后组织两组幼儿分别成一列横队站在自己的长线之后，双方保持 2 米左右的距离。当游戏开始时，各组幼儿开始从自己一方的水盆中舀水，并将手中塑料杯里的水奋力泼向对方，直到将水盆中的水全部用完为止。最后看看谁被泼的水最多。

图 4-36

④规则：

在上述游戏中，幼儿要站在线的后面。

在第三步游戏中，教师要强调幼儿之间不要发生挤撞。

⑤建议：

该游戏对气候条件有着较高的要求，因此其适合在夏天开展。在这一过程中，幼儿可以光着脚丫子自由玩耍。当游戏结束之后，教师应该及时为幼儿换上提前准备的干净衣服。

教师在对这一游戏进行设计的过程中，应该注重对场地空间大小的合理控制，保证幼儿有足够的空间进行游戏，以免幼儿之间相互挤撞。

该类游戏的设计方法还有很多。例如，教师可以组织幼儿用水杯里的水进行泼远比赛；组织幼儿用水杯里的水泼向水池中的球，看谁泼得准；也可以组织幼儿用泼水的方法对黑板进行洗刷，即先将黑板进行涂鸦，然后组织幼儿站在距黑板有一定距离的位置，要求幼儿将水泼向黑板，最后看哪一组把黑板泼得最干净。

4. 游戏 4：过街老鼠

①目标：

培养幼儿对投掷游戏的兴趣，提高幼儿的掷准能力。

②准备：

若干个自制海绵球、细长的绳子，一个可以用绳子拉动的大大的空纸箱。

③玩法：

第一步游戏：教师组织幼儿围成一个圆圈，然后在圆圈的中央放一个大大空纸箱。教师为每名幼儿分发一个海绵球。当游戏开始时，全体幼儿开始将自己手中的海绵球向空纸箱内投掷，以锻炼幼儿的掷准能力。

第二步游戏：按照第一步游戏方法组织游戏。此时幼儿面向圈外，两名教师在圆圈之外往左右方向拉动空纸箱，并要求幼儿将自己手中的海绵球向纸箱内投掷，不管有没有投进，都可以将海绵球捡起来并回到原来的位置，继续向纸箱内投掷。按此方法反复进行游戏。在该游戏中，教师应该根据幼儿的能力灵活调整拉动纸箱的速度，也可以适当改变纸箱的拉动方向。

第三步游戏：教师先在场地中画一个大小适宜的圆圈，然后将幼儿平均分成两组，其中一组幼儿在圆圈内自由跑动，另一组幼儿站于圆圈外，共用一个海绵球，并将手中的海绵球向圆圈内的幼儿投掷，被击中的幼儿与圆圈外的任意一名幼儿互换角色。按照此方法反复进行游戏。

第四步游戏：教师按照第三步游戏方法组织游戏。教师为圆圈外的每名幼儿分发一个有长绳的海绵球，攥住长绳的一端，开始将海绵球投向圈内的幼儿。当圈内的幼儿被打中时，则其要与圈外的幼儿互换角色。按照此方法反复进行游戏。

④规则：

幼儿在投掷的过程中，教师应该强调只能击打对方的身体与下肢部位。

圈内的幼儿在自由跑动时，应该注意安全，尽量避免出现碰撞现象。

⑤建议：

在组织以上游戏时，教师应该对圆圈的大小以及纸箱的大小进行合理控制，同时还应该合理控制圈内与圈外的人数。

掷准游戏的设计，第一步考虑静态设计：首先是对投掷物的类型进行思考与选择。其中要考虑重量、大小、手感、形态及可能存在的附和性功能等元素。例如，铃球抛出后可以发出声音；纸飞机可以飞起来；皮球可以弹起。其次是考虑投掷目标存在的形态及功能。如目标可以是平面、立体、顶面、斜面的等，可以是固定的，也可以是移动或翻转的。在功能上，可以是分值型、角色型、响型、立柱型、空间型等。第二步可考虑动态性目标，其中包括滚动型、滑动型、跑动型、牵拉型、飘浮型等。第三步可考虑幼儿间的互动投掷。教师必须综合考虑以上因素，进行活动的设计。

（二）投掷教案

1. 教案1：小狗快跑

①活动目标：

增强幼儿上肢与下肢的力量，提高幼儿身体的协调性，促进幼儿投掷能力与奔跑能力的发展。

增强幼儿的合作意识，增加幼儿对投掷游戏的兴趣。

②活动准备：

若干个长为30—40厘米的纸棒与大呼啦圈。

③活动过程：

1）开始活动（5分钟）

教师为每名幼儿分发一根纸棒，并带领全体幼儿自由地跑入场地。然后要求幼儿在自己的前面自由地散开。此时教师可以带领全体幼儿进行热身操练习，大约练习4—5次。操的名称为"可爱的哈巴狗"。

一只哈巴狗，坐在大门口，"汪汪"（动作：从站立到身体的全蹲）。

眼睛圆溜溜，想啃肉骨头，"汪汪"（动作：头部运动结合上肢运动）。

快乐的哈巴狗，啃完肉骨头，"汪汪"（动作：左右转体跳跃运动结合两脚分合跳）。

尾巴摇一摇，冲我哈哈笑，"汪汪"（动作：左右摆髋运动结合腹背运动）。

（"汪汪"声由幼儿配合教师完成。）

2）基本部分（21分钟）

A. 练习投掷动作（5分钟）

教师将幼儿分成人数相等的两个组，然后要求两组幼儿成横队站立，并独自进行投掷动作的练习。

当教师发出游戏开始的口令时，第一列横队的幼儿同时将手中的纸棒尽最大努力向前投掷，最后比一比谁投掷的距离更远。然后再将掷出去的纸棒迅速捡回，并站到第二列横队幼儿的后面，第二列横队的幼儿按照上述方法进行投掷游戏。按照此方法反复进行练习。

当完成上述动作的练习之后，教师要求全体幼儿同时一边欢呼，一边将手中的纸棒向上抛。按此方法练习2—3次。

B. 纸棒投准（8分钟）

教师先在场地中画两段彼此相对且间隔一定距离的圆弧线，然后将全体幼儿平均分成两组，并按照图4-37所示的方式，要求两组幼儿分别站在两段圆弧之后，并在每一组幼儿的正前方放一个大呼啦圈。当教师发出游戏开始的口令时，两组幼儿同时将手中的纸棒向自己前面的呼啦圈投掷，最后看看哪一组呼啦圈中的纸棒数量最多。按此方法反复进行游戏。

教师组织幼儿开展砸纸棒游戏。教师将幼儿分成人数相等的两组，然后要求两组幼儿成两列横队并间隔2—3米的距离面对面地站立，保证两组幼儿所站立的位置能够一一对应。当教师发出游戏开始的口令时，第一组的幼儿将自己手中的纸棒随机地放在自己前面的地上，然后第二组相对应的幼儿用手中的纸棒向对面地上的纸棒进行投掷，如果砸中，就用手捏一下对面幼儿的鼻子。当完成一次游戏之后，两组幼儿互换角色，按照同样的方法进行游戏。

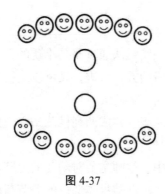

图 4-37

C. 小狗快跑（8分钟）

组织幼儿进行基本练习。教师为每名幼儿分发一根纸棒，然后将幼儿平均分成两组，并要求两组幼儿成两路纵队站立，同时要求两组的对应幼儿进行对抗性比赛。当教师发出游戏开始的口令时，排头的两名幼儿尽最大努力将自己手中的纸棒向前投掷，然后同时迅速地捡回对方的纸棒，并跑到本组的最后排列。按照此方法反复进行游戏。

组织幼儿进行小组对抗练习。仍然按照上述方法来组织游戏，教师为每组排头幼儿分发一根纸棒。当教师发出游戏开始的口令时，两组排头幼儿同时将手中的纸棒向前投掷，然后迅速将对方的纸棒捡回，并返回交给本组的第二名幼儿。按照此方法反复进行游戏，最终看看哪一组最快完成游戏。

3）结束部分（4分钟）

在教师的示范下，所有幼儿模仿教师的动作进行放松练习。即教师"哈哈"笑或者学小动物叫时，幼儿跟着一起"哈哈"笑或者模仿小动物叫，当教师不笑或者不叫时，幼儿也不能笑或者叫。

2. 教案2：快乐的牧羊人

①活动目标：

增强幼儿身体的协调性，使幼儿能够更好地控制投掷物，提高幼儿的投掷能力与跑跳能力。

通过游戏活动培养幼儿对投掷活动的兴趣。

②活动准备：

若干个呼啦圈、跳绳以及可以移动的长约20厘米的小木桩，相应的背景音乐。

③活动过程：

1）开始部分（6分钟）

教师带领全体幼儿成一路纵队通过骑马小跳的方式以各种路线向前进行。例如，可以按照直线、弧线的方式行进，又可以进行变向行进，之后，教师组织幼儿通过走步的方式排成一路纵队。

教师将幼儿平均分成两组，并成两列横队站立，然后开始带领幼儿在音乐的伴奏下开展准备操的练习。

在练习准备操的过程中，教师主要对幼儿的上肢部位进行练习，即对幼儿的手腕部、肘部、手臂部、胸部等身体部位的关节与肌肉进行练习。例如，可以进行向上伸展手臂的练习，可以进行双手手指交叉向前伸直的手臂练习，可以进行扩胸运动，也可以进行肩绕环练习等。

2）基本部分（21分钟）

A. 抛圈套桩（5分钟）

在教师的带领下，全体幼儿成一路纵队通过骑马小跳的方式进行行进练习，具体可以按照开始部分的方法进行练习。当教师带领幼儿到达一定的位置时，教师可以要求幼儿依次取走一个呼啦圈。然后将幼儿分成人数相等的四个组，为每一个组分发一个木桩，并要求每组幼儿距离木桩一定的距离站立，然后将手中的呼啦圈向木桩投掷，尽可能地套住木桩，看谁投得准。按照此方法反复进行练习。

B. 平衡套圈（6分钟）

教师按照图4-38所示的方法将木桩排列成两组，并将全体幼儿分成人数相等的两组。每组排头幼儿拿着呼啦圈依次从目标桩上面走过，最终站在最后一个木桩上，将手中的呼啦圈向目标桩进行投掷，看谁投得准。之后的幼儿按照此方法反复进行游戏。

目标桩

图 4-38

C. 掷绳比赛（5分钟）

教师将幼儿按照四人一组分成若干个小组，并要求每组幼儿成一路纵队站立，为每组幼儿分发一根跳绳。当教师发出游戏开始的口令时，每组排头的幼儿将手中的跳绳尽力向正前方投掷，当跳绳落地之后，每组第二名幼儿迅速跑到跳绳的落地位置，将跳绳捡起，并尽力向正前方掷出，直到每组第四名幼儿完成游戏时，游戏结束，最终看哪一组将跳绳投掷得最远。

在该游戏中，教师不需要提前对跳绳进行特殊处理，只需要幼儿根据自己的想法，自己思考将绳子尽可能掷远的方法。

只有当跳绳落地之后，后一名幼儿才能向前跑出捡起跳绳进行投掷。

D. 抛圈拉桩（5分钟）

教师按照上述"掷绳比赛"的方法组织游戏，将跳绳的一端固定在呼啦圈上，然后按照四人一组将幼儿分成若干个小组，并要求每组幼儿成一路纵队站在一条直线的后方。教师按照图 4-39 所示的方法，在与直线相距 2—3 米的位置分别对应每个小组画出一个圆圈，然后在每个圆圈内放置一个木桩。此时每组排头幼儿一只手拿着呼啦圈，另一只手攥着绳子的一端。当教师发出游戏开始的口令时，每组排头幼儿迅速将手中的呼啦圈向前方的木桩掷出，当套准木桩之后，迅速地将木桩拉回到起点线的位置，然后将手中固定这跳绳的呼啦圈交给第二名幼儿，自己又将木桩放到之前的圆圈内，然而第二名幼儿按照同样的方法进行游戏。按照此方法反复进行，直到所有幼儿完成游戏，最终比较哪一组最先完成，哪一组拉回木桩的次数最多。在该游戏中，教师也可以要求幼儿在规定的时间内进行游戏，比较哪一组幼儿在规定的时间内拉回木桩的次数最多。

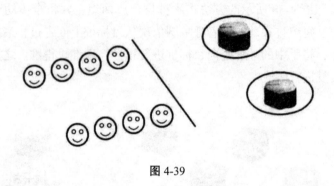

图 4-39

3）结束部分（3 分钟）

教师组织幼儿对器材进行归放。伴随着背景音乐，教师带领幼儿通过小马跳的方式来对肢体进行放松，通过动、停相结合的方式，先向前小跳一步，然后双脚并拢。在这一过程中，脚步要轻盈，节奏要缓慢。

第三节 攀、钻、爬类游戏

一、攀、钻、爬教育基本知识简介

攀的动作对于幼儿各方面的发展具有非常重要的作用，既可以促进幼儿四肢肌肉力量的发展，促进幼儿手的抓握力量的发展，又可以促进幼儿各项身体素质的均衡发展，同时还能有效地促进幼儿良好心理品质的培养。

钻的动作对于幼儿腰部、腹部与腿部力量的发展具有十分重要的作用，同时也能够有效地促进幼儿各项身体素质的良好发展。

爬的动作是一种注重人体上肢、躯干与下肢部位协调配合的运动方式，它对于幼儿身体动作的发展具有非常重要的作用，同时也具有较强的趣味性，深受幼儿的喜爱。对于身体各项素质发展水平还很低的幼儿而言，通过对其爬的动作的练习，能够有效地促进其身体各部位活动能力的全面发展，具体而言，能够有效增强幼儿身体动作的灵敏性、协调性与平衡性，能够促进幼儿耐力素质的发展，以及提高幼儿的四肢力量、背部力量与腰腹部力量等。

（一）目标

①不断提升幼儿攀、钻与爬的基本活动能力，逐步增加幼儿各类动作的难度，从而实现幼儿各项身体素质的发展。

②通过各类游戏活动进一步增强幼儿攀、钻与爬的技能。增强幼儿的上肢力量与腹部力量，提高幼儿上下肢协调配合的能力以及相互协作的能力等。

③使幼儿能够熟练掌握几种以攀、钻与爬动作为主的游戏，培养幼儿进行独立游戏的能力。

（二）攀、钻、爬的特点和基本要求

1. 攀

攀的动作，主要有攀登与攀爬两种。

在攀登运动中，下肢发挥着主要作用，而上肢则发挥着辅助作用。幼儿攀登的活动可以在各种环境中进行。教师可以结合一定的坡度，练习幼儿攀登的速度及身体的灵活性。

攀爬活动则强调上、下肢的协同运动，如攀爬肋木、攀爬绳网等。攀爬的活动不但可借助各种中、大型器材，而且可通过人为设置进行各种活动。例如，运用跳箱、木台、椅子、轮胎、梯子、长木板等进行组合，形成高低错落的障碍物。攀爬的活动具有一定的挑战性和危险性，因此教师在组织此类活动时，需要对幼儿有目的地进行观察与保护。

2. 钻

钻的动作主要包括正面钻和侧向钻。

正面钻：此动作以正面向前，头先钻过障碍物，再通过身体和腿的方式进行。根据不同的区域空间大小，选择屈膝弯腰钻和全蹲钻，以发展幼儿的空间知觉。例如，在一根长绳下钻、钻过呼啦圈、在桌子下面钻等。

侧面钻：此动作强调身体侧向钻过。动作要领：一腿先通过障碍物，再通过头和躯体，最后通过另一条腿。例如，钻过一定高度的呼啦圈、钻过绳网等。

3. 爬

爬的动作主要包括上肢动作与下肢动作，并且强调上肢与下肢关节的彼此协调与配合。在上肢动作中，其主要强调肩部、肘部与手部等关节的配合；在下肢动作中，其主要强调膝盖与脚部关节的协调与配合。爬的动作主要包括以下内容：①手膝着地爬（又称宝宝爬）；②并手并膝爬（又称毛毛虫爬，双手同进，接双膝同进向前爬）；③手脚着地爬（又称猴子爬，包括向前、向后、侧向并步、侧身交叉、原地旋转等动作）；④肘膝着地爬（又称蜗牛爬）；⑤仰身手（肩）脚着地的爬行（又称蜘蛛爬）；⑥两人及多人协同爬行等多种动作及动作技能。

（三）各年龄段攀、钻、爬练习的主要内容

1. 小班攀、钻与爬练习内容

对于小班幼儿而言，其攀、钻与爬的练习内容分别包括以下几个方面。

①攀的练习内容主要包括攀登肋木、攀登较低的设备等。

②钻的练习内容主要包括正面钻与钻小山洞等。

③爬的练习内容主要包括钻爬穿越低矮障碍物、倒退爬等。

2. 中班攀、钻与爬练习内容

对于中班幼儿而言，其攀、钻与爬的练习内容分别包括以下几个方面。

①攀的练习内容主要包括在各种攀登设备上进行自由攀登和攀爬等。

②钻的练习内容主要包括钻长长的小山洞、侧面钻等。

③爬的练习内容主要包括猴子爬、肘膝着地爬等。

3. 大班攀、钻与爬练习内容

对于大班幼儿而言，其攀、钻与爬的练习内容分别包括以下几个方面。

①攀的练习内容主要包括在攀登设备上双手交替爬或者双脚交替爬等。

②钻的练习内容主要为在各种障碍物的阻碍下进行各种钻的动作等。

③爬的练习内容主要为各种爬行的动作。

二、运动实践部分——攀、钻、爬的教育

（一）攀、钻、爬游戏

1. 游戏 1：有趣的梯子

①目标：

增强幼儿身体动作的协调性。

提高幼儿的上肢力量与下肢力量。

②准备：

若干个轮胎与保护垫，两根长竹梯。

③玩法：

第一步游戏：教师先按照图 4-40 所示的方法，将 2 个或 3 个轮胎间隔相等的距离放在地面上，然后在轮胎上面放一个长竹梯。教师将幼儿平均分成两组，然后要求一组幼儿依次在竹梯上模仿猴子爬行的动作向前爬行。另外，教师也可以将两根竹竿按照直线、折线、交叉等形式进行组合排放。

图 4-40

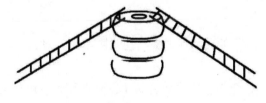

图 4-41

第二步游戏：教师先将 3 个或 4 个轮胎重叠在一起，然后将两根竹竿按照图 4-41 所示的方法放在最上面的轮胎上，竹梯与地面相接触的一段用保护垫进行固定。在教师的带领下，幼儿依次模仿猴子爬行的动作在竹梯上爬行，先

由下向上爬行，然后由上向下爬行。

第三步游戏：教师按照上述方法组织游戏。教师要求幼儿借助自己手的抓握力与脚的蹬力依次从竹梯的反面由下往上攀爬。

第四步游戏：教师按照图4-42所示的方法，将竹梯垂直固定在地面上，然后在竹梯的两面分别堆2个或3个轮胎，同时也将轮胎进行固定。然后组织幼儿从竹梯的两侧由下向上攀爬，也可以借助轮胎向上攀爬。

图 4-42

④建议：

由于相关的器材有限，因此，在幼儿体育教学活动中，教师很少开展攀爬活动，但是攀爬活动是深受幼儿喜爱的活动之一。因此，教师可以灵活选用多样化的器材来对攀爬游戏进行设计，如轮胎、椅子、木板、梯子等。

2. 游戏2：搭门洞

①目标：

增强幼儿身体动作的灵活性，提高幼儿协作的能力。

②玩法：

第一步游戏：教师任意选出两名幼儿，要求其双手相互架起，以形成一个"门洞"。要求其他幼儿成一路纵队站在"门洞"的一侧，然后依次从"门洞"下钻过去。教师也可以不断增加"门洞"的数量，如图4-43所示，并且也可以将各个"门洞"按照"S"形或者圆形等图案进行排列，其他幼儿则依次从"门洞"下钻过去。除此之外，也可以将呈"S"形排列的各个"门洞"连接成一条长长的直线，然后其他幼儿依次从"门洞"下钻过去。

图 4-43

第二步游戏：教师按照图 4-44 所示的方式，将全体幼儿以"门洞"形式排列成一条直线，然后确定队列的排头与排尾。当教师发出游戏开始的口令时，排尾的两名幼儿开始从长长的"门洞"中钻过，一直到达排头位置，然后继续双手架起"门洞"，此时成为排尾的幼儿继续按照同样的方法进行游戏。按照此方法反复进行，以不断地使整个"门洞"向前移动，直到整个队伍恢复到开始时的队形。游戏结束。

图 4-44

第三步游戏：教师将全体幼儿平均分成两个组，然后两组幼儿按照上述第二步游戏的方法进行比赛。同时要求两组幼儿按照上述方法连续进行两次，也就是要保证每一名幼儿都能完成两次钻的游戏，如此才能算作完成游戏。最后比较哪一组幼儿做得又快又好。

③规则：

在第三步游戏中，如果有一组幼儿没法成功地搭起"门洞"，那么其将被视为失败。

④建议：

对于幼儿而言，该游戏具有一定的难度，因此，教师在正式开展对抗比赛时，应该组织幼儿进行多次练习。

此游戏又叫作"懒蛇脱皮"，由于在该游戏中，整个队伍需要不断地向前移动，因此，教师应该充分考虑队伍移动的空间距离。

搭"门洞"的方式多种多样。两人面对面时，可以通过不同的体位，形成大小不同的"门洞"。教师应根据幼儿的完成情况进行选择。

3. 游戏3：钻圈圈

①目标：

增强幼儿身体动作的灵活性，提高幼儿快速反应的能力。

②准备：

若干个大呼啦圈

③玩法：

第一步游戏：教师将全体幼儿分成人数相等的甲组与乙组，要求甲组每名幼儿手中拿一个呼啦圈，并站在呼啦圈的外侧面对着呼啦圈，彼此之间间隔1米的距离站成1路纵队，同时使呼啦圈垂直于地面，此时乙组幼儿也成一路纵队面对着呼啦圈站立，如图4-45所示。当教师发出游戏开始的口令时，乙组幼儿以正面钻的方式依次钻过每一个呼啦圈。

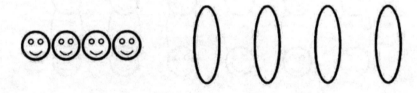

图 4-45

第二步游戏：教师仍然按照上述方法进行组织。甲组幼儿将所有的呼啦圈转动90°，使呼啦圈侧对着乙组幼儿，然后乙组幼儿依次沿着"S"形的路线以侧面钻的方式钻过每一个呼啦圈。

第三步游戏：教师仍然按照上述方法进行组织。在第一步与第二步游戏的基础上，甲组幼儿随意地选择一种方式来摆放呼啦圈，乙组幼儿则通过正面钻与侧面钻相结合的方式依次钻过每一个呼啦圈。完成游戏之后，甲、乙两组幼儿互换角色。

第四步游戏：教师组织幼儿开展钻圈接力的游戏。教师将全体幼儿平均分成两组。如图4-46所示，两组幼儿分别成一路纵队的形式站在起跑线的位置上。

每组幼儿正前方的地面上每隔 2 米放一个呼啦圈，一共放三个。当教师发出游戏开始的口令时，两组排头幼儿同时迅速跑出，然后依次拿起并自主选择一种方法钻过每一个呼啦圈，然后再返回起跑线位置。接着每组的第二名幼儿按照同样的方法进行游戏。如此方法，最终比较哪一组幼儿最先完成游戏。

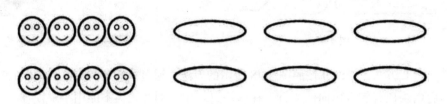

图 4-46

④规则：

在第四步游戏中，当幼儿钻过呼啦圈后，其应当将呼啦圈放在原来的位置上。

⑤建议：

在第一步、第二步与第三步游戏中，执圈者可以独自一人也可以两人一起将呼啦圈抬到不同的高度，以适当增加游戏的难度。

在第四步游戏中，教师可以在呼啦圈的外侧再画一个圆圈，以便于幼儿在钻过呼啦圈之后能够将其放在正确的位置上。

4. 游戏 4：我用身体来玩球

①目标：

增强幼儿身体动作的灵活性与协调性。

②准备：

若干个小皮球与健身球。

③玩法：

游戏方法一：教师组织幼儿按照图 4-47 所示的方法，通过跪膝爬的方式向前爬行，也就是将小皮球放在自己身体的下方，放在自己手臂与大腿之间，以便于在爬行的过程中对小皮球进行很好的控制。

图 4-47 | 图 4-48

游戏方法二：幼儿按照图 4-48 所示的方法，通过跪膝爬的方式向前爬行，然后用头顶着健身球向前爬行。在这一过程中，幼儿始终不能用手触摸球。该游戏能够锻炼幼儿对球进行控制的能力。

游戏方法三：幼儿按照图 4-49 所示的方法，通过仰身爬的方式向后移动，也就是将小皮球夹在自己的小腿与大腿之间向后移动，双手手臂始终支撑在身后的地面上，臀部坐在地面上，用双腿的大小腿控制着小皮球，借助腹部力量、手臂力量、腿部力量以及膝关节的伸缩完成游戏。

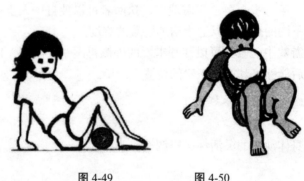

图 4-49 | 图 4-50

游戏方法四：幼儿按照图 4-50 所示的方法，通过仰身爬的方式行进。幼儿将小皮球放在自己的腹部上，双手手臂支撑在身后的地面上，臀部坐在地面上，借助腹部力量、手臂力量、腿部力量以及膝关节的伸缩进行移动，在这一过程中由四肢来控制自己的移动方向，既可以向前、后、左、右等方向移动，也可以在原地转动，在这一过程中要保证球不掉下来。

④建议：

上述几种游戏方法都可以被用在爬行类游戏活动中。例如，带球接力、花样控球等。

由于这类游戏所需要的时间较长，因此，教师可以组织多人同时参与。

（二）钻、爬教案

1. 教案 1：摆个造型你钻钻

①活动目标：

提高幼儿钻与爬的能力，增强幼儿身体动作的协调性与平衡性。

培养幼儿对钻、爬活动的兴趣，增强幼儿的合作意识。

②活动过程：

1）开始部分（4 分钟）

教师组织幼儿自由地站在场地中，根据自己的口令，统一进行各种队列的练习。

练习内容：教师可以要求幼儿做原地踏步、向上纵跳、原地转圈、下蹲、起立、单脚站立、迅速离开老师、跑向老师等动作。幼儿根据教师的口令，迅速做出相应的反应，比较谁做得又快又好。

在该游戏中，教师可以结合各种肢体动作来对动作进行变换与控制。

2）基本部分（23 分钟）

A. 你摆我钻（6 分钟）

教师将幼儿按照两人一组分成若干个小组，然后带领幼儿在场地进行自由练习。

教师要求各组中的一名幼儿甲按照图 4-51 所示的方法，双脚左右开立，身体向前弯曲，并将双臂支撑在地面上，从而使身体形成一个"V"字形，另一名幼儿乙从甲的身下钻爬过去。完成游戏之后，甲乙两人互换角色，按照上述方法进行游戏。如此反复进行游戏。

当每组幼儿经过一段时间的练习之后，教师可以将全体幼儿平均分成两组并成两列横队站立，然后组织两组幼儿相隔 10 米的距离进行游戏比赛。最后比较哪组幼儿做得又快又好。

图 4-51

B. 两人合作摆造型（9 分钟）

教师将全体幼儿按照四人一组分成若干个小组，要求其中两名幼儿灵活地用自己的肢体连接在一起，以便于另外两名幼儿从地下钻、爬过去。在这一过程中，教师可以要求各组幼儿进行讨论。

教师可以按照图 4-52 所示的各种方法对幼儿的动作进行预设。在完成对动作的预设之后，教师开始组织各个小组中的幼儿对各种活动方式进行交流，然后在每组中选出一个具有较强操作性的、比较好的方法来组织全体幼儿进行集体游戏。

图 4-52

游戏方法：在教师的带领下，其他所有幼儿依次钻爬过每一组所确定的造型，在这一过程中，教师应该合理控制各个造型之间的距离。

C. 集体游戏：穿地道（8 分钟）

教师将全体幼儿平均分成两组，两组幼儿面对面地半蹲着，同时每一组幼儿之间紧紧地靠在一起。两组相互一一对应的两名幼儿两只手握在一起，并同时向上举起，以形成一道拱门。当教师发出游戏开始的口令时，两组排头的两名幼儿以跪膝爬的方式依次从整个队伍所形成的拱门下钻爬过去，当钻爬到排尾时，继续形成一道拱门，两组中的两个第二名幼儿按照同样的方法进行游戏。该游戏可以进行 2—3 次。

在这一游戏过程中，教师可以要求全体幼儿形成全蹲的姿势，以对拱门的高度进行调整，然后要求幼儿通过匍匐爬行的方式依次钻过所有的拱门。该游戏可以进行 2 次。

3）结束部分（3 分钟）

组织幼儿开展"我们都是木头人"的游戏，并且在游戏过程中，同时喊出"我们都是木头人，不许说话，不许动"的口令。

当喊到"不许动"时，所有的幼儿应当停下来，并同时摆出自己认为最具有创意的造型。在这一游戏过程中，教师也可以与幼儿一起参与。同时教师还应该注意合理控制游戏的时间，一段时间之后，如果幼儿不能继续坚持游戏，那么此时教师可以结束游戏。如果有幼儿没有及时摆出自己的造型，那么教师可以给予其一个小小的惩罚。例如，可以通过"挠痒痒"的方式来进行，最后使幼儿在一片笑声中结束本次游戏。

2. 教案 2：小刺猬的收获

①活动目标：

提高幼儿快速爬行的能力与侧身滚动的能力，同时增强幼儿的集体意识。

通过游戏活动使幼儿充分体验到游戏活动的乐趣。

②活动准备：

若干张粘有双面胶的较大的水果纸片、四张大垫子、若干个呼啦圈、可供幼儿爬行的场地。

③活动过程：

1）开始部分（6 分钟）

A. 在教师的带领下，全体幼儿开始通过由慢走到快走、由快走到慢走的变化方式走到场地中。

B. 地面操。

a. 组织幼儿进行上肢运动。教师要求所有幼儿平躺在地面上，同时两只手臂向头顶上方伸展，以使自己的身体形成一条直线。然后要求幼儿将两只手臂向空中与地面成垂直的方向伸展，以使双臂与身体成 90° 角。组织幼儿将两只手臂水平张开，使身体形成一个"十"字的样式。按照此方法反复进行练习。

b. 组织幼儿进行下肢运动。教师要求幼儿将两只脚举到空中，并做出行走动作，动作速度可以由慢到快，动作幅度可以由小到大。按照此方法反复进行练习。

c. 组织幼儿进行腰部运动。教师要求幼儿将双腿弯曲收紧，成团身状，然后将肢体舒展，成平卧的姿势，然后再一次团身，按此顺序进行反复练习。教师要求幼儿身体成平卧的姿势，然后用双手尽力触摸脚尖，按此方法反复进行练习。

d. 组织幼儿做后踢腿运动。教师要求幼儿身体由仰卧姿势变成俯卧姿势，然后两只小腿依次有节奏地向后折并踢起，再将双腿同时向后踢起，按此方法反复进行练习。

2）基本部分（21分钟）

A. 碰上好朋友（4分钟）

教师要求幼儿在一定的场地范围内，通过跪膝爬的方式自由爬行，当两名幼儿相遇时，可以使其相互之间用头轻轻地碰一下，然后继续爬行。该游戏方法能够在一定程度上锻炼幼儿爬行过程中的观察能力。

B. 爬行抢圈（10分钟）

教师将全体幼儿平均分成两个组，并要求每组幼儿成一列横队站立，在距离每一名幼儿5米的位置放一个呼啦圈。当教师发出游戏开始的口令时，第一组幼儿先以爬行的方式迅速地向自己前面的呼啦圈爬去，并站在呼啦圈之内，最后比较谁最先到达呼啦圈。当第一组完成一次游戏时，退出场地，然后由第二组按照同样的方法进行游戏。

当第二组完成游戏之后，教师开始任意撤掉两个呼啦圈。当教师发出游戏开始的口令时，第一组幼儿迅速向最近的呼啦圈爬去，没有抢到呼啦圈的幼儿则寻找好朋友，两人共同站在一个呼啦圈内。之后，第一组幼儿站在呼啦圈内保持不动。第二组幼儿开始按照同样的方法进行游戏。

教师继续不断地减少呼啦圈的数量，使一个呼啦圈内的幼儿数量不断增多。同时教师观察幼儿最终是怎么按照教师的要求完成游戏活动的。

C. 采果果（7分钟）

教师将全体幼儿平均分成两个组，并要求每组幼儿成一路纵队站立，然后在每一组幼儿正前方5米的位置的地面上放两个大垫子，然后在每一个垫子上放2个或3个大的水果纸片，使涂有双面胶的一面朝上。当教师发出游戏开始的口令时，每一组排头的幼儿开始向大垫子爬去，当到达垫子之前时，开始调整自己的身体姿势，用各种滚动的方式将水果纸片粘到自己的身上，然后再迅速爬到原来的位置。按照此方法依次反复地进行。最后比较谁的身上所粘贴的水果纸片数量最多。在该游戏中，教师应该合理控制前后幼儿之间的距离。

3）结束部分（3分钟）

A. 组织幼儿通过仰天大笑的方式进行放松。在教师的带领下，全体幼儿开始一起大笑，笑的时候双手叉腰，身体向后仰，一段时间之后，停止大笑。按此方法重复几次。这一方法能够帮助幼儿调整呼吸，同时也能对幼儿的四肢进行放松。

帮助幼儿调整呼吸，并放松四肢。

B. 教师带领全体幼儿一起将器材归放到指定的位置。

第五章 体能素质发展类体育游戏实践

幼儿体能游戏是一种深受幼儿喜爱的常见的身体练习活动,它主要包含"运动""游戏"与"指导"三大要素。这三大要素十分重要,缺一不可,而且这三要素之间是相辅相成的关系。总的来说,一个合格的幼儿体能游戏的主要目的在于培养幼儿良好的身心素质。幼儿体能游戏不仅是一种帮助幼儿进行身体锻炼的重要途径,而且是促进幼儿全面发展的重要形式。

游戏活动能够有效促进幼儿身体素质的发展,提升幼儿的智力发展水平,是幼儿体育教育中不可或缺的方法与内容。与幼儿自发、偶然的身体活动相比,经过精心选择、设计与创编的具有针对性的幼儿体能游戏能够更加与幼儿的身心发展特征相符合,也更具有趣味性、教育性、故事化与情景化,因此具有更高的实用价值。只有真正具有教育意义的幼儿体能游戏,才能真正发挥出其对幼儿身心教育的价值。因此,在幼儿体育教育中,教师在对幼儿体能游戏进行选择与创编时,应该注重其教育性,以充分发挥幼儿体能游戏对于促进幼儿体能素质发展的价值。本章主要从速度类体育游戏、力量类体育游戏以及反应类体育游戏三方面进行阐述。

第一节 速度类体育游戏

一、游戏1:多拉快跑

①目标:

促进幼儿奔跑能力的发展,培养幼儿的合作意识。

②准备:

若干个小皮球,教师按照图5-1所示的方法在场地中画两条相隔10米左右的平行线，分别作为起跑线与终点线。然后在终点线前面画两个间隔一定距离的圆圈，并将若干个小皮球放在圆圈内。

③玩法：

游戏方法一：教师将全体幼儿平均分成两组，并要求两组幼儿分别成一路纵队站于起跑线之后。当教师发出游戏开始的口令时，两组排头幼儿迅速跑到终点线的圆圈处，然后取走一个小皮球再跑到起点线之后，接着第二名幼儿按照同样的方法进行游戏。如此反复进行。最终比较哪一种最先完成游戏。

游戏方法二：在游戏方法一的基础上，逐步增加幼儿取走的小皮球数量，可以增加到2个或者3个。

游戏方法三：在游戏方法一的基础上，幼儿两人一组，然后手牵着手，同时跑到终点线的圆圈处各自取走一个小皮球。

④建议：

教师可以根据幼儿的能力情况，适当调整起点线与终点线之间的距离。

在游戏方法二中，教师增加的球的数量不能太多，最好保持在4个以下即可。

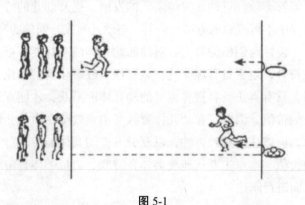

图 5-1

二、游戏 2：小小捕鱼人

①目标：

促进幼儿奔跑能力与躲闪能力的发展。

②准备：

一块空旷平整的场地。教师先在场地中画一个边长为20米左右的正方形作为"鱼池"，然后在正方形内的两端位置画两个大大的圆作为"鱼篓"。

③玩法：

游戏方法一：教师以点兵点将的方式选出两名幼儿来扮演"捕鱼人"，并为两名"捕鱼人"分别指定一个"鱼篓"。然后要求其他幼儿随机地站在"鱼池"中扮演"小鱼"。当教师发出游戏开始的口令时，扮演"捕鱼人"的两名幼儿开始追赶场地内的"小鱼"，只要幼儿被"捕鱼人"触碰到，那么其就算被捉到了，此时被碰到的幼儿应该自动地站在相应的"鱼篓"中，并且不能走出来，直到所有的幼儿都被捉住为止，最后看哪个"鱼篓"中幼儿的数量最多，就代表哪个"捕鱼人"捉住的小鱼数量最多。

游戏方法二：在游戏方法一的基础上，适当改变游戏规则，即被"捕鱼人"捉住的幼儿开始扮演"捕鱼人"，然后与改名"捕鱼人"手拉手一起去捕捉其他的小鱼，最后看看哪一组"捕鱼人"捉住的鱼的数量最多。

游戏方法三：在游戏方法一的基础上，教师可以要求两名"捕鱼人"手拉着手一起去捉鱼，直到将场地内所有的"鱼"都捉完为止。

游戏方法三：在游戏方法二的基础上，适当改变游戏规则，被碰到的幼儿自动变成"捕鱼人"，然后和原来的"捕鱼人"一起手拉手，去捕捉场地内的其他小鱼，直到将场地内所有的"鱼"都捉完为止。

④建议：

全体幼儿只能在规定的范围内奔跑，不能走出正方形场地，否则就被视为被捉住。

在游戏过程中，幼儿之间不得相互推拉，要注意安全，避免相互挤撞。

三、游戏 3：揪尾巴

①目标：

促进幼儿奔跑能力与躲闪能力的发展。

②准备：

一块空旷平整的场地。在场地中画一个边长为 20 米左右的正方形，若干条长约 20 厘米的布条作为"尾巴"。

③玩法：

游戏方法一：教师任意选出一名幼儿作为揪"尾巴"的人，然后要求其他幼儿将布条的一端固定在背后的衣服内，将另一端露在外面。当教师发出游戏开始的口令时，扮演揪"尾巴"的幼儿开始在场地内追逐其他幼儿，并揪掉他们的"尾巴"，其他幼儿则四散躲闪，但是不能用手将自己的"尾巴"按住不放。

如果幼儿的"尾巴"被揪掉，那么其就要自动地退出场地，直到所有幼儿的"尾巴"都被揪掉，游戏结束。

游戏方法二：在游戏方法一的基础上，教师可以适当增加扮演揪"尾巴"的幼儿的人数，最好有 2—3 名幼儿扮演揪"尾巴"的人。继续按照上述方法进行游戏，最后比较哪一名幼儿揪的"尾巴"数量做多。

游戏方法三：在游戏方法一的基础上，适当改变游戏规则，即要求每一名幼儿都有自己的"尾巴"，然后所有的幼儿都去揪掉别人的"尾巴"，前提是要保证自己的"尾巴"不被揪掉，被揪掉"尾巴"的幼儿则自动退出场地。最后比一比谁手中的"尾巴"数量最多。

④建议：

全体幼儿必须在规定的范围内奔跑，不能跑出正方形场地，否则就视为被揪掉"尾巴"。

幼儿在奔跑的过程中，要注意安全，避免发生碰撞。

幼儿不能用手按住自己的"尾巴"。

第二节　力量类体育游戏

一、游戏1：拉物过河

①目标：

增强幼儿的上肢力量，增加幼儿手的握力，提高幼儿上肢运动的频率。

②准备：

若干条细长的绳子、可以拖拉的小物品以及小短棒。

③玩法：

教师将全体幼儿分成人数相等的若干个小组，并要求各小组幼儿成一列横队站立，且各个横队之间间隔一定的距离。然后为每一组分发相同细长的绳子和可以拖拉的小物品，要求幼儿将绳子的一端固定在小物品上，将绳子拉直。此时每组排头的幼儿将绳子的另一端攥在自己的手中。

游戏方法一：当教师发出游戏开始的口令时，每组排头的幼儿原地不动，只是迅速拉动手中的绳子，直到将小物品拉到自己的身边时，再将绳子的一端交给第二名幼儿，并将小物品重新放回第二名幼儿正前方的相应位置上，直到长绳伸直为止，此时第二名幼儿按照同样的方法进行。按此方法反复进行，直

144

到游戏结束，最后比较哪一组幼儿最先完成游戏。

游戏方法二：仍然按照上述方法进行组织，教师将每一组排头幼儿手中的长绳固定在小木棒上，此时排头的幼儿一只手拿着绳子的一端，另一只手拿着小木棒。当教师发出游戏开始的口令时，排头的幼儿开始迅速地将长绳缠绕在小木棒上，并拉动小物品，当排头幼儿将小物品拉到自己的身边时，将小木棒交给第二名幼儿，然后将小物品重新放回到第二名幼儿正前方的相应位置上，此时第二名幼儿要配合排头幼儿，悬空握着小木棒不断地将长绳放出，当长绳完全被发出时，第二名幼儿按照同样的方法进行。按此方法反复进行，直到游戏结束，最后比较哪一组幼儿最先完成游戏。

④建议：

教师应该根据幼儿的能力情况，适当调整绳子的长度以及小物品的重量。

教师在选择细绳的过程中，最好使用棉绳，这样就不容易勒到幼儿的手。

如果条件允许，教师可以用风筝收线轴来代替小木棒。

可以选择的小物品很多，可以是长木块，可以是一定重量的动物玩偶，也可以是倒着放的小板凳等。

二、游戏 2：拉物跑动

①目标：

发展幼儿全身的力量，尤其是幼儿的握力，同时促进幼儿下肢运动频率的提高。

②准备：

若干个轮胎和粗长绳。

③玩法：

如图 5-2 所示，教师将幼儿分成人数相等的两个大组，然后再将每个大组分成人数相等的两个小组，并要求各大组的两个小组幼儿成一路纵队分别面对面地站在起跑线与终点线的位置上，然后在起跑线的两端位置分别平放一个轮胎，位于两组排头的两名幼儿，都站在每组的外侧，并且每人一只手拿着长绳的一端，另一端分别固定在轮胎上。当教师发出游戏开始的口令时，排头两名幼儿开始拉着轮胎迅速跑到终点线的位置，当轮胎越过终点线时，将绳子的一端交给对面排头的幼儿，对面排头幼儿按照同样的方法进行。如此反复，最终比较哪一组最先完成。

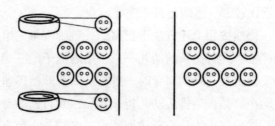

图 5-2

④建议：

教师在选择轮胎时，应该尽量选择比较小的轮胎，但是又不能选择太轻的物品，可以选择其他具有一定重量的物品，如装有相同重量器材的塑料箱。

幼儿可以将手中的长绳固定在比较宽的护带上，也可以绑在自己的腰间。

教师也可以组织幼儿参加一人拉轮胎的游戏。

三、游戏 3：摇船过河

①目标：

增强幼儿的上下肢力量与协作能力。

②玩法：

游戏方法一：如图 5-3 所示，两名幼儿面对着面，分别坐在对方的两只脚背上，然后两只手牢牢握住对方的胳膊。当教师发出游戏开始的口令时，两名幼儿依次一边用手向上提拉对方，一边利用两只脚的屈伸来提升对方的重心，两人按照这一方法依次相互进行。

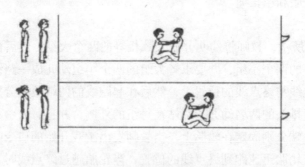

图 5-3

游戏方法二：教师也可以要求两名幼儿背对背地进行这项游戏，也就是要求两人背对背地坐在垫子上，并且两人都将自己的双腿平放在地面上，两人互相钩挂住对方的双肘。当教师发出游戏开始的口令时，其中一名幼儿屈曲双腿，并凭借双腿与双脚的力量向后蹬，另一名幼儿也开始屈曲双腿，向前移动，两人相互配合，直至到达终点。

③建议：

在"游戏方法一"中，只需要要求幼儿将对方的中心提起来就算完成任务，不需要两人向前移动。

四、游戏 4：加水提物

①目标：

促进幼儿上肢力量、腰部力量以及背部力量的增强，发展幼儿用手控制物品平衡的能力。

②准备：

两个有提手的小水桶，一根长木棒，并按照图 5-4 的方法将长木棒穿过两个小水桶。

③玩法：

游戏方法一：教师先向两只小水桶加入少量的水，然后要求幼儿站在两只小水桶的中间位置，两只脚左右开立，双手握住木棒的中间，通过屈伸腰背部与手臂之后，将两只水桶举起，然后再将其放下。按此方法反复进行练习，在这一过程中，教师可以不断地向两只桶内加水，然后继续组织幼儿进行练习。

游戏方法二：当水桶内的水量让幼儿在举起水桶时感到比较吃力时，教师可以要求幼儿不用再举起水桶，只需要通过屈伸腰背，将木棒提起，并屈曲双臂将木棒提到胸口的位置即可。

④建议：

在上述游戏过程中，教师应该合理控制幼儿的练习次数及其中间的间歇时间。在准备器材的过程中，也可以用其他一些适宜的器材来代替。例如，可以用小凳子、玩具箱、小哑铃等。

图 5-4

五、游戏5：巧拔河

①目标：

促进幼儿上肢力量的发展，增强幼儿对身体的控制能力。

②玩法：

教师要求两名幼儿分别用右手紧握对方的右手，且双方右脚的外侧相互顶住，同时两名幼儿的左脚向后分开。当教师发出游戏开始的口令时，双方同时用力通过推、拉、左右摇摆等方式，尽可能地使对方的位置发生移动。最终看谁先移动脚的位置。

③建议：

在该游戏过程中，教师可以为幼儿提供适当的指导，以帮助幼儿充分运用各方向的力量来迫使对方挪动脚。当幼儿已经能够熟练掌握这一游戏时，教师可以要求幼儿换左手进行游戏。

六、游戏6：背推出圈

①目标：

促进幼儿下肢力量与腰背部力量的发展。

②玩法：

教师先在场地内画一个直径大约为1米的圆圈，然后要求两名幼儿背靠着背站在圆圈之内。当教师发出游戏开始的口令时，双方开始同时用力向后退，并尽可能地将对方推到圆圈之外。在这一游戏过程中，双方不得躲闪或者下蹲。同时只能依靠背部与臀部的力量推对方，不能用手来推。谁能将对方推出圆圈之外，谁就为胜方。

③建议：

教师在正式开展此类游戏之前，应该着重强调游戏规则。

该类游戏最好选择在比较柔软的垫子上进行。

七、游戏7：抱起你

①目标：

促进幼儿上下肢力量的发展，同时增加体育活动的趣味性。

②玩法：

教师先要求两名幼儿面对面地站立，然后其中一名幼儿紧紧抱住另一名幼儿的腰。当教师发出游戏开始的口令时，抱腰的幼儿开始用力将对方向上抱，以尽可能地使另一名幼儿的双脚离地，而另一名幼儿则用力向下，以尽可能地保证自己的双脚不离地。当被抱着的双脚离开地面时为负。在该游戏中，幼儿也可以从另一名幼儿的旁边或者身后将其抱起来。

八、游戏8：搬人

①目标：

促进幼儿上肢力量的发展。

②玩法：

教师任意选择一名幼儿作为搬运对象，然后带领其他多名幼儿一起抬起搬运对象并向前行进。被搬运的幼儿既可以平躺着，也可以平卧着。

九、游戏9：推箱快跑

①目标：

促进幼儿全身力量的发展。

②准备：

若干个能够容纳一定器材的大塑料箱以及各种各样的器材。

③玩法：

教师先任意选出一名或者两名幼儿用双手通过跑的方式向前推动大塑料箱，并且在这一过程中不断地往塑料箱中添加各种器材，通过不断增加塑料箱重量的方式来不断提高游戏的难度。

十、游戏10：小小手指谁力大

①目标：

促进幼儿手指力量的增强。

②准备：

一根小木棒。

③玩法：

教师要求两名幼儿面对面地蹲在地面上，然后两人分别用自己的大拇指与食指捏住小木棒的一端。当教师发出游戏开始的口令时，两名幼儿同时用力捏住小木棒，并用力向自己的方向拉，最终谁最先脱手谁为负。

④规则：

在该游戏过程中，双方幼儿应该始终保持着全蹲的姿势，只能手臂动，身体其他部位不能动。

十一、游戏 11：穿过封锁线

①目标：

利用拉长绳行进的方式，发展幼儿的上臂力量。

②准备：

四轮滑板若干；长绳一根；拱形塑料门若干。

③玩法：

把拱形塑料门纵向排在一起，一根长绳的一端固定在窗体上，或墙面上，整个长绳拉直放于拱门内。幼儿平躺在四轮滑板车上，手拉长绳，穿过拱门，可以间隔一定距离依次进行。

十二、游戏 12：人体保龄球

①目标：

用双手拨动的动作进行身体的练习，发展幼儿的上臂力量。

②准备：

四轮滑板若干；各种大小的空塑料瓶若干。

③玩法：

幼儿先把各种大小的空塑料瓶有间隔地放在场地上，再跪在四轮滑板车上，以双手拨动地面的方式，快速冲向塑料瓶，看谁把塑料瓶冲倒的最多。

在此游戏过程中，幼儿也可用两个水拔向前撑着移动。

十三、游戏 13：人体陀螺

①目标：

利用双手悬垂的方式进行练习，发展幼儿的上臂力量。

②准备：

短木棒一根；短绳两根；单杠。

③玩法：

把两根短绳的一端分开系在单杠上，间距小于短木棒；把两根短绳的另一端系在短木棒上，木棒离地面1米左右的距离。幼儿双手抓住短木棒不停地转动，把两根短绳相对绞在一起，完成后，双手抓住木棒，手臂伸直，人悬空，随着绳子的展开，人在器械上悬垂着旋转。

第三节　反应类体育游戏

一、游戏1：翻色块

①目标：

促进幼儿判断能力、上肢以及身体快速反应能力的发展。

②准备：

12个自制立方体。如图5-5所示，用小块的塑料垫拼凑成12个立方体，并分别在每一块正方体的某一对应面涂上红色与黄色。

③玩法：

教师提前将12个立方体放在一定范围的场地之内，然后随机地将六个红色的面与六个黄色的面朝上。教师任意选出两名幼儿，并分别定为甲和乙，提前规定红色朝上的一面是甲的，黄色朝上的一面是乙的。同时要求甲乙两名幼儿进入活动区。当教师发出游戏开始的口令时，两名幼儿开始迅速地翻动属于对方的立方体，即幼儿甲迅速地将黄色朝上的立方体翻成红色朝上，幼儿乙迅速地将红色朝上的立方体翻成黄色朝上，如此反复进行。当经过一定时间之后，教师宣布游戏结束。最终看看哪个颜色朝上的立方体更多，并确定胜负。

④建议：

在该游戏中，由于每一次游戏只能两人参加，故其对人数有着较大的限制。因此，当班上幼儿人数较多时，教师可以将幼儿平均分成两组进行对抗游戏。同时可以换一个更大的空间，并且可以将立方体替换成扑克牌、硬币等有两面的较小物品。

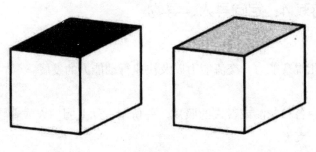

图 5-5

二、游戏 2：斗智斗勇

①目标：

促进幼儿判断能力与快速反应能力的提升。

②玩法：

教师先要求两名幼儿面对面地站立，且两脚并拢，两只手臂向前伸直，双方两手掌相对，同时还要保证双方身体的距离要稍微比两手掌刚好相触时的距离更短一些。当教师发出游戏开始的口令时，两名幼儿开始用力用手掌推对方的手掌，也可以通过突然的躲闪等动作，迫使或者诱使对方因失去重心而移动脚，谁先移动脚，谁就为负。该游戏也可以采用蹲或者单脚站立的方式进行。

三、游戏 3：小乌龟照镜子

①目标：

促进幼儿判断能力以及对肢体控制能力的发展。

②玩法：

教师要求两名幼儿面对面地跪爬在地面上。并选出一名幼儿来坐庄。当教师发出游戏开始的口令时，坐庄的幼儿开始念出"乌龟、乌龟爬"的口令，同时将四肢中的任意一个肢体举起来，对面扮演"乌龟"的两名幼儿当听到"爬"时，迅速地将自己的任意一个肢体举起来。但是两名幼儿举起的肢体不能与坐庄者相同，如果相同则为负。

③建议：

在该游戏中，教师也可以要求幼儿以站立的姿势进行游戏。两名幼儿要先面对着面，两脚左右开立，并且将双臂自然地垂在身体的两侧。

在该游戏中，幼儿肢体举起的幅度不能太小，要足够明显。

四、游戏 4：定向寻人、寻物

①目标：

促进幼儿观察能力、交流能力以及快速行动能力的发展。

②准备：

幼儿园内各种物品或者人的照片，一份画有幼儿园内人或者物品的某一特征的简图，一支笔。

③玩法：

教师将全体幼儿按照两人一组分成若干个小组，然后为每一组幼儿分发一份简图，并要求幼儿根据自己手中的简图，通过观察、询问等方式，在规定的时间内，在幼儿园内找到相应的人或者物品，当找到某一人或者相应的物品时，便在简图上用笔划上一个钩，最后看看哪一组找到的内容最多。然后要求每一组以口头汇报的方式介绍自己找到了哪些内容。

④建议：

简图内容要清晰明确，最好是幼儿园中比较典型的物品，物品不能太小。

五、游戏 5：棒子打腿

①目标：

增强幼儿身体动作的灵活性，促进幼儿身体快速反应能力的发展。

②准备：

两根长约 50—60 厘米的纸棒。

③玩法：

教师先在场地内画一个直径为 2—3 米的圆圈，要求两名幼儿每人手拿一根纸棒，并站在圆圈之内。当教师发出游戏开始的口令时，两名幼儿互相用手中的纸棒尽力去击打对方的腿，同时还要注意躲避对方的击打。在该游戏中，谁的腿最先被打中，或者最先被迫退出圆圈之外，谁为负。在进行游戏的过程中，双方只能击打对方的腿部，不允许击打对方身体的其他部位。

④建议：

该游戏既可以在两人间进行，也可以在集体中进行，但是集体游戏的话需要更大的圆圈，同时人数也不能太多，以免发生碰撞。

六、游戏 6：看谁立得快

①目标：

促进幼儿手眼协调能力的发展，增强幼儿手眼动作的协调性。

②准备：

6 个一次性纸杯。

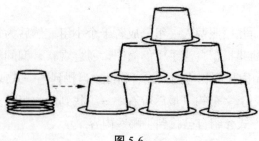

图 5-6

③玩法：

在正式开展游戏活动之前，教师可以带领幼儿将6个一次性纸杯套在一起，并倒扣在桌子上。

当教师发出游戏开始的口令时，幼儿迅速地将纸杯依次取出，然后按照图5-6所示的方法，将纸杯叠放成金字塔的形状，然后又迅速地将6个一次性纸杯按照原来的形状套在一起，这两组动作都完成，则计为一次任务。当经过一定的时间之后，最终看幼儿能够完成几次任务。

④建议：

该游戏既可以由一个人进行计时玩，也可以由多个人同时进行对抗游戏。

七、动作7：寻物归类

①目标：
增强幼儿对物品种类进行辨别的能力，促进幼儿快速反应能力的提升。

②准备：
若干个四种颜色的小珠子，两个小筐。

③玩法：
教师先在场地中画一个大大的圆圈，然后将四种颜色的小珠子相对均匀地洒在圆圈之内。教师将全体幼儿按照两人一组分成若干个小组，然后规定一组幼儿每人手拿一个小筐站在圆圈之外，同时教师提前规定每个幼儿必须捡起哪些颜色的珠子。当教师发出游戏开始的口令时，两名幼儿开始迅速进入圆圈之内，捡起规定的颜色的珠子，当经过一定时间之后，最后看看哪一名幼儿捡起的属于自己的颜色的珠子最多。也可以不规定时间，最后看谁最先完成任务。

④建议：
这类游戏的方式与内容多种多样，可以采用多样化的方式进行。

教师可以适当增加游戏方法的难度。例如，可以要求幼儿以筷子夹的方式来进行。

教师可以用其他具有不同特征的同一种物品来代替珠子。如动物类、植物类等物品。

教师可以要求幼儿将捡到的物品放入规定的筐内，也可以将捡到的物品按照特定的方式进行摆放等。

八、游戏 8：铺地砖

①目标：

增强幼儿对物体的控制能力，增强幼儿动手操作的准确性，促进幼儿快速反应能力的发展。

②准备：

一块自制模型板。即按照图 5-7 所示的方法，在边长大约为 1.5 米的正方形泡沫板上面，画若干个大小相同的方格。若干个大小稍微比小方格小一点的正方形的红色与绿色卡纸。

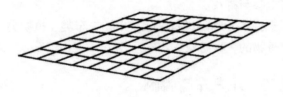

图 5-7

③玩法：

教师可以任意选出四名幼儿，并将这四名幼儿平均分成两组，使其面对面地站于模型板的外面，其中一组幼儿每人手拿若干张红色的卡纸，另一组幼儿每人手中拿若干张绿色的卡纸。当教师发出游戏开始的口令时，四名幼儿开始迅速地将手中的卡纸放在模型板的小方格内，当幼儿将所有的小方格填满之后，游戏结束。最后看看方格内哪种颜色的卡纸最多，即哪一组获胜。在该游戏中，四名幼儿中可以每个人都参与到卡纸的摆放中，同时也可以由小组内的两名幼儿合作，一人负责递卡纸，另一人负责摆放卡纸。这两种方法幼儿可以自主选择。

④建议：

作为锻炼幼儿快速反应能力的游戏，其既可以采用铺地砖的游戏，也可以采用各种图案拼放的美术类游戏。在该游戏中，教师可以使用两种颜色，也可以使用多种颜色。除此之外，也可以按照上述游戏方法采用两人间的围棋游戏。

九、游戏 9：萝卜蹲

①目标：

提高幼儿在观察下的动作反应能力，增强下肢力量。

②准备：

各种蔬菜头饰各一种。（如白菜、萝卜、西红柿、茄子、黄瓜、青椒等。）

③玩法：

教师首先教会幼儿认识这些蔬菜，完成后，给每名幼儿戴上这些蔬菜的头饰，并要求每名幼儿记住自己戴的头饰是什么。游戏开始。例如，戴萝卜头饰的幼儿首先发出口令"萝卜蹲，萝卜蹲、萝卜蹲完白菜蹲"，在发出这个口令的同时，戴萝卜头饰的幼儿连续半蹲四次，完成后，戴白菜头饰的幼儿接下去，如上方法，任选一个蔬菜继续发出口令，并完成动作。若有幼儿被喊到，没有完成以上内容，就算失败，失败者须做五次深蹲，然后游戏继续。

④建议：

每次进行游戏时，头饰不要超过六种，以减少幼儿的记忆量，同时保障每名幼儿都能更多地参与游戏。

此游戏可以选择各种物品进行，如水果类、车类、植物类、动物类等，可以成为幼儿认知事物的一种游戏方式。

十、游戏 10：小汽车嘟嘟嘟

①目标：

通过伙伴间的互动，提高幼儿的反应能力。

②玩法：

幼儿随机站在场地上。教师要求每名幼儿充当小司机，听从教师口令。

教师发出口令 1："小汽车，嘟嘟嘟，嘟嘟嘟开起来。"此时每名幼儿在场地上自由地开车，开车的速度不要太快。

教师发出口令 2："小汽车，嘟嘟嘟，两辆、两辆连起来。"此时任意两名幼儿连在一起，朝一个方向前后搭肩，一起玩开车的游戏。

教师发出口令 3："小汽车，嘟嘟嘟，四辆、四辆连起来。"此时四个幼儿朝一个方向，前后搭肩，一起玩开车游戏。

教师发出口令 4："小汽车，嘟嘟嘟，一辆一辆分开来。"此时每名幼儿回到各自开车的状态。

③建议：

此游戏需要幼儿在较短的时间内形成合理的搭配，教师在游戏前应强调规则，以减少游戏中可能出现的争伙伴的情况。

第六章　幼儿体育游戏活动的卫生与安全

对于幼儿而言，其身心各方面的发展还尚不完善，且身体各项基本活动能力处于迅速发展的时期，对很多事物的认知十分有限。在生活中，其对很多事物都有着十分强烈的好奇心，同时其行为与举动还十分大胆，对危险的事物以及行为都缺乏足够的认识与判断，缺乏足够的自我保护意识与保护能力，因此，不管是在日常生活中，还是在学习中，其时常会出现各种意外。此时，教师如果对幼儿的一举一动缺乏足够密切的监护与照料，势必很容易导致安全事故的发生。因此，教师在开展幼儿体育游戏的过程中，应该以安全第一为原则，时刻观察并判断幼儿的行为，同时对可能发生的危险做出很好的预估，不仅如此，对于生长发育处于重要时期的幼儿而言，教师还要引导幼儿形成良好的卫生习惯，这对于幼儿的全面发展同样十分重要。

第一节　幼儿体育游戏的卫生保健

对幼儿进行体育游戏活动能够充分满足幼儿的心理需求，能够激发幼儿参加体育活动的兴趣，促进幼儿各项身体素质的良好发展，提升幼儿基本活动能力与运动技能水平，从而全面促进幼儿的生长与发育。在设计、组织、开展幼儿体育游戏活动的过程中，教师要严格遵循幼儿的身心发育规律，注意做好体育游戏活动中的卫生保健工作，通过科学的锻炼方法与内容，促进幼儿身体机能与运动水平的提升。总的来说，作为一名幼儿教师，在开展体育游戏时，要充分重视幼儿的卫生保健工作，并自觉树立强烈的卫生保健意识，通过科学的运动方法来促进幼儿身心的全面健康发展。

一、幼儿运动中的卫生概述

（一）运动系统的运动卫生保健

人体的运动系统主要包括骨骼和肌肉两大部分。当大脑发出运动的相关信号时，人的肌肉便开始迅速产生收缩反应，然后通过肌腱来对骨骼进行牵拉，在关节的配合下，做出相应的动作。作为人体运动系统中的一部分，骨骼对于人体的运动有着非常重要的作用，它能够支撑人体，能够保护人体的内脏，同时还具有一定的造血功能。对于幼儿而言，其骨骼组织中所包含的有机物和无机物含量基本相同，所以其骨骼具有硬度小、弹性大的特点。所以，教师在开展幼儿体育游戏的过程中，应该充分了解幼儿身体发育的规律与特征，严格遵循循序渐进的原则，以免使幼儿的骨骼疲劳或出现损伤。

肌肉在进行收缩运动的过程中，主要消耗其中的蛋白质与葡萄糖所储存的能量。在体育游戏中，幼儿通过参与支撑、悬垂等一些静力性力量活动，可以有效促进肌肉力量的发展，但是锻炼的时间不能太长，以免造成运动损伤。人体的关节主要包括关节面、关节囊以及关节腔三大部分。人体不同身体部位的关节在结构方面存在一定的差异性，因此，其活动范围与牢固程度也存在一定的差异性。对于身体尚未发育健全的幼儿而言，其关节窝比较浅，周围的韧带也比较松，且关节周围所附着的肌肉的力量也还很小。所以，幼儿关节的活动范围虽比较大，但是其牢固程度却远远比不上成年人。因此，当外力作用较强时，幼儿的关节很容易发生脱臼的现象，从而导致其失去运动能力。所以，教师在开展幼儿体育游戏的过程中，应该尤其注重对幼儿各个关节的保护，在一些由高处向下跳跃的活动中，教师应该在幼儿的落地位置放一个软垫子，以更好地保护幼儿的踝关节，同时还应该教授幼儿落地缓冲动作的方法，以更好地保护幼儿的膝关节。另外，教师还应该尽量避免体育游戏中出现掰手腕的动作，以更好地保护幼儿的腕关节。

（二）幼儿呼吸系统的运动卫生保健

人在参加体育活动的过程中，对氧的需求量会明显增加，特别是对于呼吸系统发育还不够成熟的幼儿而言，其肺部的功能仍然比较弱，因此，幼儿在参加体育游戏活动的过程中，很容易出现换气不足的现象，只能通过进一步增加呼吸频率的方式来满足自身对氧的需求。

教师在组织幼儿开展体育游戏活动时，可以指导幼儿通过加强呼吸深度的方式来获取氧气,可以教授幼儿学会正确呼吸,要以鼻呼吸为主,以口呼吸为辅。同时,教师还需要选择适宜的场地进行游戏,尽量不要选择在尘土较多的场地进行体育游戏。总之,在体育活动中,合理的呼吸方法与呼吸节奏对于个体正确掌握体育锻炼方法具有十分重要的影响。

合理的憋气方法也能够为机体积聚更多的力量,同时也有利于机体的肌肉更好地产生力量。但是对于幼儿而言,教师在开展体育游戏活动的过程中,应该尽量避免过多地使用憋气练习,尽量减少持重物的力量练习,例如,拔河、掰手腕、举重以及拉力器等项目都不适宜长时间地多次使用。

(三)幼儿皮肤的运动卫生保健

人体的皮肤主要包括表皮组织与真皮组织两个部分。幼儿在参加体育游戏活动的过程中,非常容易出现擦伤、挫伤、冻伤、晒伤等皮肤损伤。

教师在组织幼儿参加体育游戏的过程中,应该注重对服装的要求,建议幼儿穿安全舒适且便于穿脱的服装和鞋子,在活动中,尽量不要穿得太厚,同时还需注意的是,尽量不要穿戴比较尖、硬的饰物,以免在运动中造成皮肤损伤。另外,教师还应该选择在适宜的天气开展体育游戏活动,尽量避免在风沙过大、过于寒冷、过于炎热的天气进行体育游戏,以免造成幼儿皮肤的干燥、冻伤、晒伤等。教师在冬天开展体育游戏时,应该组织幼儿做好防冻措施,应要求幼儿戴上手套、帽子等御寒物品,衣服、鞋袜要做到温暖合适。同时教师还应该注意幼儿所穿戴的服装的松紧度,不能太紧,以免影响血液循环。教师在夏季开展体育游戏时,应该采取一定的防晒措施,尽量避免幼儿直接在烈日下长时间暴晒,以免导致幼儿出现中暑的现象。

教师应该适当增加幼儿参加户外体育活动的频率,以不断提高幼儿对冷热环境变化的适应能力。尤其是在炎热的高温季节,应该尽量选择通风良好的场地进行游戏,并要求幼儿戴遮阳帽,身着浅色、宽松且透气性良好的服装,鞋子要选择舒适、柔软、透气性好的。在体育游戏活动期间,教师应该为学生留出足够的休息时间,并要求幼儿及时补充水分,不要等到口渴时才喝水。在体育游戏活动中,如果幼儿出汗较多,教师应该要求幼儿适当补充淡盐水,以弥补运动出汗时所流失的盐分。另外,在体育游戏结束之后,教师应该嘱咐幼儿尽量不要立即猛吃生冷的瓜果,以免对脾胃造成不良的影响。

二、幼儿运动中的心理卫生

（一）根据幼儿的兴趣，培养积极的态度

教师在选择、设计体育游戏的过程中，应该充分考虑幼儿的兴趣点，根据幼儿的身心发育特征，将游戏贯穿在整个体育活动过程中，并不断丰富体育游戏的内容、形式与方式等，以更好地培养幼儿对体育活动的兴趣。开展这一类体育游戏，既有利于促进幼儿身体基本活动能力的发展，也有利于促进幼儿积极心理与良好情感的培养，从而帮助幼儿培养勇敢顽强、积极自信以及主动参与的良好品质。

（二）根据幼儿的原有经验，科学适宜地安排运动量

教师在选择、设计与组织幼儿体育游戏的过程中，应该注重对运动强度与负荷量进行合理安排。负荷量适宜的体育游戏活动，有利于幼儿在身体承受范围内，充分实现身体机能水平的提升。幼儿在参加体育游戏的过程中，不只涉及对身体机能方面的锻炼，同时还涉及情感意志的心理活动。因此，教师应该在体育游戏中，注重对幼儿心理素质尤其是意志与毅力等方面的发展，积极引导并鼓励幼儿进行一些对心理素质有一定挑战性的游戏活动，如走一定高度的平衡木等，使幼儿适当地产生紧张感，并且需要通过对自己胆怯心理的克服，更好地完成游戏任务。但是在这一过程中，教师应该注意控制体育游戏活动的难度，尽量避免给幼儿造成过大的心理负荷。

（三）根据幼儿的个体差异性，使幼儿获得不同的成功体验

幼儿只有在参加体育游戏的过程中，有良好的情绪体验，才能有足够的兴趣参加体育游戏活动。这就需要教师在选择、设计、组织体育游戏的过程中，能够根据幼儿的身体机能与运动水平的差异性，选择种类多样、难度不同的游戏器材，同时还要尽量保证每一种游戏器材的玩法有不同的难度，能够适合不同运动水平的幼儿，以为幼儿提供更多的选择。比如说，在从高处向下跳的游戏中，教师可以设置不同的高度；在投掷游戏中，教师可以提供大小不同的目标物，也可以设置不同的距离；在走平衡木的游戏中，教师可以提供宽窄不同的平衡木，也可以设置不同的高度，使不同发展水平的幼儿在每次游戏中都能够获得成功体验。

第二节　幼儿体育游戏的安全教育

在幼儿体育游戏活动中，教师要充分保证幼儿的安全，以更好地保护幼儿的身心健康，使幼儿能够得到科学的锻炼，同时有效预防幼儿运动损伤的发生。因此，教师在组织开展幼儿体育游戏之前，应该带领幼儿做好充分的准备活动，并且向幼儿详细介绍游戏过程中需要注意的事项，以增强幼儿的安全防护意识。

体育游戏是深受幼儿喜爱的户外体育活动。在体育游戏过程中，幼儿在奔跑的过程中很容易发生跌倒、崴脚等情况。因此，在正式开展幼儿体育游戏活动之前，教师应该着重讲解幼儿进行自我保护的知识与方法，以不断增强幼儿的自我保护意识。

一、进行运动安全教育

幼儿的日常生活与学习中经常存在安全隐患，因此，幼儿的运动安全教育应该渗透在其整个成长过程中。幼儿在幼儿园生活与学习时，教师应该积极开展幼儿运动安全教育，使幼儿充分了解运动安全方面的常识与方法，以尽可能地保证幼儿的安全。

因此，教师在开展幼儿体育游戏的过程中，应该通过讲解示范的方法来对游戏的动作要领与游戏器材的用法进行详细介绍，在讲解示范的过程中，要做到要点清楚、层次规范，对于重难点部分，要反复强调。当有幼儿存在一定的疑问时，要鼓励幼儿勇敢地表达出来，以及时为幼儿答疑解惑，从而使幼儿能够更加清晰熟练地掌握游戏动作的技能技巧、器材的使用方法以及需要注意的安全事项等。具体地讲，教师可以通过对照比较的方法，来使幼儿深入理解并自觉遵守游戏规则。也可以通过实例分析法，充分利用幼儿的原有经验，也可以利用幼儿日常生活中的一些常见现象，来对幼儿的游戏动作进行实例分析，以使幼儿清楚什么样的动作是规范正确的，什么样的动作是不能做的，甚至是危险的。另外，教师还可以用游戏模拟法，来对游戏活动中各种可能发生的意外事故的场景进行模仿，通过简单形象的方法进一步增强幼儿的安全意识与自我保护意识。

首先，幼儿的身体发展与运动安全之间的关系并不是对立矛盾的。两者都非常重要，安全是体育游戏活动开展的最基本的前提条件，身体发展是体育游戏活动开展的最终目的，因此，教师在开展幼儿体育游戏活动的过程中，应该正确处理两者之间的关系，充分认识到安全的重要性，不能只是一味地注重幼儿的身体发展而忽略幼儿的安全。但同时也不能因为安全，而放弃对幼儿的发展。

其次，教师在开展体育游戏活动的过程中，应该严格遵循循序渐进的原则，根据不同幼儿的实际情况有针对性地选择、设计并组织体育游戏，例如，可以采用分组游戏的方式进行。同时教师还应该注意随时提醒幼儿注意安全，也可以引导、鼓励幼儿自己总结哪些环节容易出现安全问题，并且要怎么做才能更好地保护好自己。

最后，幼儿教师应该积极加强与幼儿家长之间的沟通，既要提醒家长培养幼儿的自我保护意识与能力，又要经常性地和家长交流幼儿在学校中的活动情况，交流幼儿能力的发展情况，以进一步深化家长对幼儿园教育理念的理解。

二、合理安排幼儿运动时间

在幼儿体育游戏活动中，教师应该合理安排幼儿运动的时间，注重通过动静结合的方式来开展教育活动，合理安排幼儿的动静活动，避免幼儿身心过于疲劳，从而使幼儿的身体和心理能够得到充分有效的休息与调整。但也要注意适当安排幼儿的运动量，要保证幼儿每天都能够参加体育活动，通过持续开展体育游戏活动的方法，促进幼儿身体机能的逐步发展。

三、密切关注和保护幼儿

在开展幼儿体育游戏的过程中，教师应该站在具有一定危险性的运动器械旁，密切关注幼儿的游戏情况，随时加强对幼儿的保护，如较高的滑梯、秋千、攀登设备等。另外，教师应该尽量不要让幼儿直接面对着太阳或者大风站立。与此同时，教师应该加强对个别幼儿的关注与爱护，例如，对于运动水平相对较低或者身体素质较差的幼儿等，教师应该给予更多的关心与鼓励。在体育游戏结束之后，教师还应该对幼儿的身体状况进行密切观察与监护，如果发现异常情况，应该及时采取相应的措施进行处理。

第三节　幼儿体育游戏的自我保护

一、加强幼儿自我保护能力

自我保护能力简称自护能力，也就是个体保护自己不被伤害的能力，这种伤害既有生理方面的，也有心理方面的，生理方面的伤害主要包括饥饿、寒冷、流血等，而心理方面的伤害主要有恐惧、紧张等。自我保护能力是个体在日常活动中保证自身能够生存与发展的一种最基本的能力，因此，拥有一定的自我保护能力，有利于在一定程度上保护个体更好地生存与发展。因此，要想实现保证幼儿身心方面的安全，并实现幼儿身心健康的全面发展，教师应该加强幼儿自我保护能力的培养。

在体育游戏活动过程中，教师在培养幼儿自我保护能力时，需要从两个方面进行。

首先，要加强幼儿的安全教育，使幼儿充分了解安全方面的基本知识，科学掌握一定的安全防范措施。

其次，教师应该加强对幼儿安全意识的培养。一是在正式开展体育游戏活动之前，使幼儿做好充分的准备动作，在体育游戏过程中，要随时规范幼儿的基本动作，并为幼儿营造一个良好的游戏环境；二是提前向幼儿强调，在拿取游戏器材的过程中，应该做到有序进行，不争不抢，并向幼儿详细介绍器材的使用方法，使幼儿能够以科学正确的方法来使用各种游戏器材。并且还要强调在运动的过程中，幼儿之间不要相互碰撞，当发生碰撞时要注意主动避让；三是在体育游戏结束之后，教师要带领幼儿做一些身心放松活动，使幼儿的肌肉得到充分的放松与休息，使幼儿的心理得到很好的恢复与调整。

二、建立体育游戏规则

所谓"无规矩，不成方圆"，在幼儿体育游戏活动中，建立规则，能够实现对幼儿规则意识的培养，从而有利于幼儿良好体育行为与习惯的培养。在开展体育游戏活动的过程中，教师不应该只是一味地关注幼儿运动技能的发展，同时还应该关注幼儿是否能够正确理解并自觉遵守游戏规则，只有当幼儿能够严格遵守游戏规则时，才能有效保证幼儿在体育游戏中的安全。

在每次开展体育游戏活动之前，教师应该先将本次游戏的目的、要求与规则详细地介绍给幼儿，使幼儿充分明确在本次活动中他们需要遵守的规则，以及违反规则的处罚方法。同时教师也应该充分发挥自己的引导与榜样作用，严格遵循游戏规则，潜移默化地影响幼儿，使之自觉遵守游戏规则。

在体育游戏过程中，在音乐的伴奏与生动形象的情境中，幼儿很容易沉浸在游戏轻松愉悦的氛围中，而忽略规则的存在。因此，教师应该及时提醒幼儿严格遵守规则，当幼儿违反规则时，如果教师强行停止游戏，势必会对游戏的效果产生不良的影响，同时也会影响幼儿的兴趣。因此，教师应该巧妙地运用情景语言，使游戏自然地停止，然后对游戏规则进行再次强调，并提出一定的要求，从而进一步调动幼儿参与体育游戏的积极性。

爱玩是幼儿的天性，但是幼儿运动能力又比较弱，当遇到突发情况时，其常常难以迅速地做出正确的判断。所以，教师应该将卫生与安全方面的知识渗透在整个体育游戏的过程中，从而使幼儿在体育游戏活动过程中，能够自主选择在安全的环境下进行游戏，逐步培养幼儿自觉遵守规则的意识，使幼儿能够掌握一定的自我保护能力。

参考文献

[1] 李金泉，李荣. 幼儿体育 [M]. 北京：高等教育出版社，2010.

[2] 庞建萍，柳倩. 学前儿童健康教育 [M]. 上海：华东师范大学出版社，2008.

[3] 方富熹，方格，林佩芬. 幼儿认知发展与教育 [M]. 北京：北京师范大学出版社，2003.

[4] 张娜. 幼儿游戏与指导 [M]. 武汉：武汉大学出版社，2015.

[5] 葛东君. 幼儿游戏设计与案例 [M]. 保定：河北大学出版社，2012.

[6] 依丹. 幼儿园体育游戏指导 [M]. 西安：西安电子科技大学出版社，2015.

[7] 张云丽，徐铭泽. 幼儿园民间体育游戏活动指导 [M]. 大连：辽宁师范大学出版社，2017.

[8] 程玉蓉，甘露. 幼儿游戏活动组织与指导 [M]. 重庆：重庆大学出版社，2015.

[9] 姜艳. 幼儿园活动设计与指导 [M]. 北京：中国传媒大学出版社，2014.

[10] 张馨予. 幼儿游戏活动的支持与引导 [M]. 北京：中国轻工业出版社，2012.

[11] 宗珣. 幼儿园体育活动设计与指导 [M]. 合肥：安徽大学出版社，2017.

[12] 赵丽琼，李方玉. 幼儿园体育活动设计与指导 [M]. 成都：西南财经大学出版社，2013.

[13] 张立燕，吕昌民，田志升. 学前教育专业体育与幼儿体育活动指导 [M]. 济南：山东人民出版社，2014.

[14] 杨旭，杨白，邓艳华. 幼儿园游戏设计与指导 [M]. 上海：复旦大学

出版社，2017.

[15] 左瑞勇. 近十年我国幼儿园体育研究综述：对 122 篇学术论文的文献分析 [J]. 早期教育，2007（1）.

[16] 闻乐华. 幼儿体育游戏中应该注意的几个问题 [J]. 学前教育研究，1994（3）.

[17] 孙小小. 幼儿园传统体育游戏的开发与应用 [D]. 沈阳：沈阳师范大学，2016.

[18] 姜嫚. 幼儿园体育游戏活动设计、组织者素养探析 [D]. 武汉：武汉体育学院，2016.

[19] 周斅激. 南京市幼儿园体育的现状与发展对策研究 [D]. 苏州：苏州大学，2006.